Annette Epp

Mama lebt dann mal in China

Annette Epp

Mama lebt dann mal in China

Rediroma-Verlag

Bibliografische Information der Deutschen Nationalbibliothek:
Die Deutsche Nationalbibliothek verzeichnet diese Publikation in der Deutschen Nationalbibliografie; detaillierte bibliografische Daten sind im Internet über http://portal.dnb.de abrufbar.

ISBN 978-3-98527-203-7

www.rediroma-verlag.de
10,95 Euro (D)

Inhalt

Vorwort

Die Idee hatte ich eigentlich schon immer: Sobald meine Kinder die Schule abschließen würden, wollte ich noch einmal etwas für mich machen. Nur für mich. 14 Jahre lang war mein Alltag gesteuert vom Stundenplan meiner Kinder. Ich möchte keinen Tag dieser Zeit missen. Mit allen Höhen und Tiefen war ich in dieser Zeit, mit Herz und Seele, zu 100 Prozent glückliche Mutter. Nur irgendwann habe ich bemerkt, dass mein eigenes Leben nur noch zwischendrin stattfindet. Zwischen den Leben meiner Familienmitglieder. Das war der Zeitpunkt, als ich beschlossen habe, dass es an der Zeit ist, wieder etwas für mich zu tun. Das hat meiner Meinung nach nichts mit Selbstverwirklichung zu tun. Es hat damit zu tun, das eigene Leben eigen zu leben. Meine Devise war und ist: Wer Kinder auf die Welt bringt, geht damit auch eine Verpflichtung ein, die Kinder auf dem Weg ins Leben zu begleiten. Ein wichtiger Teilabschnitt ist für mich der Weg bis zum Schulabschluss. Wie sie sich danach entscheiden, wohin das Leben geht, Ausbildung oder Studium, hier kann ich nur noch beratend dabei sein. Diesen Weg müssen sie letztlich alleine finden.

Die Darstellungen sind sehr subjektiv erzählt, es ist MEINE Geschichte, berichtet aus meiner Sicht.

Mit dem von mir erlebten möchte ich mir keinesfalls anmaßen, Sozial- oder Systemkritik zu üben.

1. Sehnsucht nach Neuem

Juni 2015

Die Betriebsversammlung in dem Unternehmen, in dem ich angestellt bin, kam gerade im richtigen Augenblick: Unser Geschäftsführer berichtete über die Auslandsgeschäfte und die Auslandstöchter des Unternehmens in China, den USA oder der Türkei. Er ermunterte in einem Abschlusssatz alle Mitarbeiter doch auch einmal Auslandsluft zu schnuppern und sich die Tochtergesellschaften in den entsprechenden Ländern anzusehen. Meine Gedanken kreisten zu dieser Zeit einmal mehr um das Thema: Ich will nach dem Schulabschluss der Kinder nochmal etwas anderes machen. Am liebsten für eine längere Zeit ins Ausland gehen. Ich wusste nur nicht, wie ich es anpacken sollte. Und plötzlich wer er da, mein Moment. Die Worte unseres Geschäftsführers im Ohr dachte ich mir: jetzt oder nie, setzte mich an den PC und schrieb eine Mail:

Sehr geehrter Herr XY,

die heutige Betriebsversammlung bzw. insbesondere Ihre Worte bzgl. der Auslandsvertretungen möchte ich gerne zum Anlass nehmen, um Ihnen diese Mail zu schreiben.

Am Schluss Ihres kurzen Berichtes über die Auslandsvertretungen unseres Unternehmens warben Sie mit motivierenden Worten dafür, den Schritt ins Ausland zu wagen. Sie sprachen von der Chance, Erfahrungen im Ausland zu sammeln, sowohl bei kurzen Arbeitsbesuchen in den jeweiligen Vertretungen als auch bei langfristigen Arbeitsentsendungen, wie bereits in China geschehen.

Da ich seit einiger Zeit mit dem Gedanken spiele, langfristig gedacht, ins Ausland zu gehen, um dort nochmal eine komplett andere Welt kennenzulernen, möchte ich den heute von Ihnen „geworfenen Ball" auffangen und mich an Sie wenden.

„Langfristig gedacht", das heißt für mich, dass ich mir in drei Jahren, dann sind meine Kinder aus der Schule, eine neue Herausforderung, einen längeren Auslandsarbeitsaufenthalt, vorstellen kann..

Mit den besten Grüßen,
Annette Epp

Die Antwort der Geschäftsführung kam prompt und war durchaus positiv. So hieß es u.a.:

Sehr geehrte Frau Epp,

vielen Dank für Ihre Initiative und Ihr Interesse an Auslandseinsätzen. Gerne nehmen wir Ihre Bereitschaft zur Unterstützung unserer ausländischen Kollegen zur Kenntnis und kommen darauf im Bedarfsfall zurück...

Natürlich war es drei Jahre zu früh, mein Sohn war in der elften, meine Tochter in der neunten Klasse. Doch diese Chance musste ich ergreifen. Ein erster Schritt war getan, Phase I war eingeleitet.

Von diesem Zeitpunkt an übte ich mich in Geduld und hoffte, dass meine Kinder ohne Probleme die Schule zu Ende bringen mochten.

Über einen Auslandaufenthalt dachte ich in den nächsten zwei Jahren immer wieder nach und malte mir in meinen kühnsten Fantasien Zukunftspläne aus. In dieser Zeit blieb es weiterhin ein Traum, der mich motivierte und mir ein Ziel gab. Ab und zu philosophierte ich mit meinem Mann darüber. Er unterstützte und ermutigte mich von Anfang an.

Dezember 2017

In der Retrospektive sind die letzten Schuljahre schnell vergangen. Steckt man mittendrin, scheint es, als ende die Schulzeit nie. Nun, ich will gar nicht lange darüber lamentieren. Plötzlich hatte mein Sohn sein Abitur in der Tasche, meine Tochter war in Klasse 12, auch bei ihr sollte in einem halben Jahr das Pauken und Bangen endlich der Vergangenheit angehören.

Das war für mich der richtige Zeitpunkt, um Phase II einzuläuten. Ich öffnete nochmals besagte Mail des Geschäftsführers, die ich zwei Jahre lang wie meinen Schatz gehütet hatte. Wie von ihm vorgeschlagen, nahm ich Kontakt mit unserem Personalchef auf. Ich glaube, er wusste nicht wirklich, was ich von ihm wollte, aber das war mir in diesem Augenblick herzlich egal. ICH wusste, was ich wollte. Also erklärte ich ihm die Situation, die Idee und meinen Plan: Es sollte für einen längeren Zeitraum in eine Tochtergesellschaft gehen, bevorzugt nach China, Nanjing. Die maximale Zeit, die ich bleiben wollte, war ein Jahr. Die kürzeste Zeit war drei Monate. Ich wollte dort arbeiten, um einerseits den chinesischen Kollegen mein Wissen zur Verfügung zu stellen und andererseits gleichzeitig deren Arbeitsweise und Können kennenlernen. Um die ganzen Rahmenbedingungen, wie Verdienst, Arbeitszeit, Vertrag, Unterkunft hatte ich mir – ehrlich gesagt – nicht allzu viele Gedanken gemacht. Ich wusste, dass ich die einmalige Chance nutzen würde, sollte ich sie bekommen. Ob ich mehr oder weniger arbeiten würde, in einem Zimmer, einer Wohnung oder WG wohnen würde, das war mir eigentlich egal. Die Resonanz von Seiten der Personalabteilung stellte sich schnell ein. Mein Plan wurde als durchaus positiv bewertet und ich konnte mit Unterstützung rechnen. Die nächsten Schritte mussten von Seiten meines Arbeitgebers geklärt werden. Hier gab es einige hierarchische Hürden zu überwinden: Die Einwilligung vom Leiter der Tochtergesellschaft in Nanjing, dem Leiter der Abteilung International, dem Leiter der Abteilung Kommunikation, dem Bereichsleiter Protokoll und natürlich final nochmals der hiesigen Geschäftsführung. Es sollte sich herausstellen, dass die frühe Anfrage, ein halbes Jahr vor Schulabschluss meiner Tochter, gut gewesen war. Die Wochen vergingen und ich wartete täglich auf eine endgültige Rückmeldung, die .... nicht kam. Natürlich schrieb ich immer wieder Mails oder hakte telefonisch nach, aber niemand konnte mir sagen, wie und was und überhaupt. Der Glaube an eine erfolgreiche Durchführung meiner Pläne schien zeitweise in weite Ferne zu rücken. Wobei ich die Verzögerungen im Nachhinein natürlich verstehen kann. Es waren so viele Personen involviert und alle mussten das Vorhaben aus ihrer Sicht beurteilen, abwägen und einverstanden sein. Eine Herausforderung, die einfach mehr Zeit als erwartet in Anspruch nahm.

März 2018

Endlich kam der ersehnte Anruf und ein Zwischenziel schien erreicht: Der Geschäftsführer aus Nanjing forderte meinen Lebenslauf und eine Stellenbeschreibung an. Das Ganze in Deutsch und Englisch und am besten schon gestern. Kurzzeitig brach Hektik bei mir aus.

Okay, meinen Lebenslauf hatte ich immer wieder aktualisiert und gepflegt, für alle Fälle, aber auf Englisch und eine Stellenbeschreibung? Ja, jetzt war der Punkt gekommen, um sehr genau darüber nachzudenken: Was will ich, was soll ich, darf ich oder muss ich tun? Das spornte mich an und je mehr ich darüber nachdachte, desto freudiger wurde ich. Ich verbrachte Stunden damit, die richtigen Formulierungen zu finden und meine Tätigkeitsschwerpunkte zu umschreiben. Sämtliche Familienmitglieder wurden eingespannt, das Geschriebene Korrektur zu lesen und an den englischen Formulierungen zu feilen. Ich schickte alle Dokumente über unser Personalbüro nach China und wartete auf Antwort.

In Gedanken malte ich mir die andere Arbeitswelt und ein Leben in China aus. Wie wird das Büro aussehen, wie werde ich meine Aufgaben umsetzen, kommen vielleicht weitere Arbeitsgebiete dazu? Ist mein Englisch gut genug? Komme ich mit den Kollegen zurecht, wird mein Arbeitgeber zufrieden sein? Im Nachhinein ist es spannend zu sehen, worüber man im Vorfeld nachgedacht hat und woran man überhaupt nicht gedacht hat. Außerdem sehe ich im Rückblick, wie viele Erlebnisse anders als erwartet, überraschend oder bereichernd, aber auch durchaus ernüchternd waren. Ich stellte, als ich schließlich vor Ort war, einmal mehr fest, wie wichtig es ist, offen in Aufgaben und Lebenssituationen zu gehen, die noch nicht greifbar sind. Die Herausforderungen, egal, in welcher Art und Weise, ergeben sich bzw. kommen von selbst. Wenn sie da sind, ist es auch die richtige Zeit, sich ihnen zu stellen.

April 2018

Ich wartete also. Auf weitere Nachfragen, Anforderungen, sonstige Rückmeldungen etc. Nichts geschah.

Gerade in dieser Zeit des Nichtwissens häuften sich die Gespräche mit meiner Familie, vor allem meinem Mann, über Sinn und Unsinn meines Plans. Dankbar bin ich dafür, dass es für ihn nie ein Thema war zu sagen, schmeiß hin, lass es sein. Man kann nichts erzwingen. Nein, gemeinsam hofften wir täglich auf Neuigkeiten und harrten der Dinge.

Mai 2018

Nichts.

Juni 2018

05. Juni 2018

Zwischentief: Heute war der Tag, als meine Hoffnung, dass es doch klappen würde, fast endgültig schwand.

Ich weiß nicht, wie oft ich in meiner Arbeit nachgefragt und um Rückruf oder Zwischeninformationen gebeten hatte. Ich wollte mich nicht aufdrängen, aber doch irgendwann ein Signal bekommen. Es schien mir, als wusste zu diesem Zeitpunkt keiner, wie und ob das Vorhaben überhaupt umsetzbar wäre. Niemand wollte sich festlegen, das Unterfangen schien doch schwieriger als gedacht. Eine Antwort konnte mir keiner geben.

Tja, nun was tun? Mein grundlegender Entschluss, nach dem Ende der Schulzeit noch einmal etwas ganz anders anzupacken, stand unverrückbar fest. Daran wollte ich nichts mehr ändern. Also musste eine Alternative gesucht werden. Auch die Möglichkeit für ein Sabbatical wurde von meinem Unternehmen angeboten. Vielleicht wäre das auch eine Möglichkeit Auslandsluft zu schnuppern? Also dann, auf in die nächste Etappe!

07. Juni

Guten Mutes ging ich zu unserer Personalabteilung und wollte mich über das angebotene Sabbatical informieren. Bei verschiedenen Gesprächen suchten wir nach Alternativen und Lösungen. Ich war wirklich beeindruckt, wie sehr sich die Personalabteilung für uns Mitarbeiter einsetzte, um gemeinsam Lösungen und Vorschläge zu erarbeiten. Aber, willkommen in der Realität: das Angebot des Sabbaticals gibt es natürlich grundsätzlich. Aber einfach und kurzfristig umsetzen lässt sich dies nur schwer.

Schritt eins: Es muss ein Jahr vor Start der sog. Ansparphase – wir sprechen noch nicht vom Beginn des Sabbaticals – beantragt werden. Das wäre jetzt, im Juni diesen Jahres, also 2018, möglich gewesen.

Schritt zwei: Ein Jahr später, also im Juni 2019, hätte ich mit der Ansparphase anfangen können. Diese würde umgerechnet werden auf die Zeit des Sabbaticals, empfohlen für die Ansparphase wird mindestens ein halbes Jahr. Das hätte für mich geheißen: Im Jahr 2020 hätte ich mit dem Sabbatical anfangen können.

Oh, nein, das kann doch nicht sein!

Außerdem kam bei mir die Frage auf: Was mache ich denn während des Sabbaticals? Ich ahnte die Diskussionen, die auf mich zukommen würden: „Warum machst du das eigentlich? Ein Sabbatical? Musst du dich selbst finden … ach, die Frauen, die ausbrechen möchten, auf der Suche nach dem Ich sind …!“ Diesen ganzen „Mist“ wollte ich nicht hören, mich nicht rechtfertigen müssen für meine Pläne, nein, ich war auch nicht auf der Suche nach dem Ich, das hatte und habe ich ja. Ich wollte im Ausland arbeiten, nicht mehr und nicht weniger.

09. Juni

Ab jetzt ging die Recherche los, kann man während eines Sabbaticals arbeiten? Ein Praktikum machen? Sozial engagiert sein? All das waren nun die Themen, denen ich zugegebenermaßen nur halbherzig nachging. Es war für mich nach wie vor die Notlösung. Eigentlich wollte ich kein Sabbatical machen, sondern richtig im Ausland arbeiten, in meinem Beruf.

Mein Entschluss, in ein fernes Land zu gehen, stand fest, doch eine gewisse Ernüchterung machte sich breit angesichts der Hürden, die sich auftaten. Irgendwie hatte ich mir das doch anders vorgestellt. Und im Herzen wollte ich es nicht so.

2. Wunder geschehen

13. Juni

Peng!

Ganz unvermittelt, aus dem Nichts, eine Mail aus der Personalabteilung mit der Bitte um ein Gespräch! Jetzt galt es, die Spannung war kaum auszuhalten. Ja, die Entscheidung, die mir jetzt mitgeteilt wurde, würde Konsequenzen für mein Leben haben. Entweder raus aus dem Alltag, einen Lebenstraum verwirklichen dürfen oder zurück zur normalen Realität, zum business as usual, zum ungewollten Sabbatical.

Nicht zu glauben, aber wahr, plötzlich grünes Licht von allen Seiten. Alle finden die Idee toll, eine Art Kollegenaustausch zwischen China und Deutschland zu implementieren. Was mich am meisten freute, ist, dass sie glaubten, ich sei der richtige Mitarbeiter. Und jetzt sollte es auch noch ganz schnell gehen: Dienstbeginn in Nanjing: 01. September 2018, Dauer des Aufenthalts: sechs Monate. Ich lese die Mail wieder und wieder und wieder und kann es nicht fassen. Ein Glücksgefühl überkommt mich. Ein „ich bin frei"-Gefühl, ich habe es geschafft, die Welt ist plötzlich wieder so groß und weit und lädt zum Entdecken ein. Ein neues Lebenskapitel beginnt. Ja, ich mache etwas, was nicht normal ist, was eine Herausforderung ist, etwas komplett Neues!!! Und das mit 51 Jahren, als unspektakuläre Mutter, Ehefrau, Hausfrau, Angestellte. Ich b so unglaublich stolz und dankbar und voller Vorfreude.

02. August

Der Tatendrang ist zurück. Gespräche mit der Personalabteilung folgen, was ist zu tun, wie sieht die Arbeit aus, wo wohne ich, welche Verträge gilt es abzuschließen? Es gibt so viele Punkte, die zu besprechen sind. Es gibt so viele Punkte, die berücksichtigt werden müssen, die aber für alle neu sind. Entsprechend vorsichtig tasten wir uns an alle Themen heran und hoffen, dass wir an alles denken. Die Personalabteilung schaltet ein Rechtsanwaltsbüro ein, um bezüglich. Visum und Arbeitserlaubnis auf Nummer sicher zu gehen. Ich kümmere mich um weitere Dinge, wie z.B. Impfungen. Nach einem Informationsbesuch bei meiner Hausärztin ist schnell klar, dass es einige Impfungen gibt, die notwendig sind. Allgemein werden diese gut vertragen, vielleicht können die einen oder anderen Grippesymptome auftreten. Nun, dann: gesagt getan. Drei Impftermine stehen auf dem Programm. Die erste Impfung verläuft harmlos, ich bin fit, so leicht haut mich doch keine Impfung um. Die nächsten zwei Termine werden vereinbart, jeweils Freitag, da ist es in der Arztpraxis ein wenig entspannter. Dass mein Mann und ich an den Wochenenden mit Konzerten und Einladungen verplant sind, habe ich bei der Vereinbarung der Termine nicht im Kopf, warum auch? Hätte ich das mal besser gehabt …

Es stellt sich nämlich heraus, dass ich die anderen beiden Impfungen bei weitem nicht so gut wegstecke wie die erste Impfung. Die Grippesymptome überfallen mich ganz heimlich, still und leise über Nacht und legen mich dann einen Tag und eine Nacht komplett flach. Keine Chance, ihnen zu entkommen. Das wunderbare Violinkonzert in Stuttgart erlebe ich wie in Trance. Das Sommerfest am nächsten Wochenende nehme ich durch einen Nebelschleier wahr. Alle weiteren Details kenne ich nur durch Erzählungen, ich schlafe eine Nacht und einen Tag durch. Nun ja, dies zum Thema Impfungen, Nebenwirkungen und Wahrscheinlichkeiten.

12. August

Der Countdown läuft, es sind nur noch zwei Wochen bis zum Abflug, was ist eigentlich mit meinem Visum? Gerade wollte ich den Flug beim Reisebüro buchen lassen und die Dame fragt mich nach meinem Visum. Oh, ich kann nicht antworten, ich habe mich auf unsere Personalabteilung verlassen, wo ist denn dieses Visum eigentlich?

Auf Nachfrage werde ich um eine Woche vertröstet, die richtige Ansprechpartnerin ist nicht da. Es gibt nur noch Kleinigkeiten zu regeln. Es stellt sich heraus, dass noch einiges in Punkto Visum zu tun ist: Einen persönlich unterschriebenen Antrag, aktuelle Passfotos, ein Entsendungsschreiben, ein Einladungsschreiben, einen Pass der länger als sechs Monate gültig ist. Ich soll in zehn Tagen fliegen und in zwölf Tagen meine Arbeitsstelle antreten, habe aber noch kein Visum. Panik macht sich bei mir breit. Sollte mein Abenteuer an den Visumbestimmungen scheitern und uns die Zeit einen Strich durch die Rechnung machen?

14. August

Ich arbeite mich in alle Themen des chinesischen Büros ein. Neue spannende und interessante Aspekte öffnen sich mir. Ich bin neugierig auf alles, was kommt. Im Radio höre ich nur noch englische Sender an, um in die Sprache zu kommen. Ich gehe davon aus, dass Englisch die Sprache sein wird, die nicht nur im Büro, sondern auch in ganz Nanjing gesprochen wird. Außerdem nehme ich seit drei Wochen an einem Intensivkurs Chinesisch teil. Ich hoffe, somit ein paar Basics zu lernen, um in Notfällen ein, zwei Wörter sagen zu können.

28. August

Je näher der Tag X kommt, desto komischer wird das Gefühl. Die Vorfreude mischt sich mit Zweifeln. Insbesondere die ständige Nachfrage von Freunden, wie man sich fühlt, warum man das tut, wie es einem geht, beeinflusst das Denken. Ich versuche herauszufinden, ob die Fragen ehrlich gemeint sind. Ich stelle fest, dass es sehr viel ehrlichen Zuspruch und Bewunderung gibt. Aber natürlich gibt es auch die Neider, die hören möchten, dass eine Ehekrise, Arbeitskrise oder Lebenskrise vorliegt. Dass eine Frau arbeitet, sogar gerne arbeitet, ihren beruflichen Horizont erweitern möchte, Chancen ergreift, indem sie womöglich Erfahrung im Ausland sammelt, scheint auch heutzutage noch Erstaunen oder sogar Unverständnis hervorzurufen – zumindest bei dem/der einen oder anderen. Dann wird eine Erklärung gesucht: Selbstverwirklichung, midlife crisis, whatever. Aber ich kann nur wiederholen: Mir geht es gut, mein Leben habe ich bereits selbst verwirklicht, ich will nur im Ausland arbeiten.

Was mich außerdem beschäftigt: Ich bin gespannt, wie sich Kontakte, Beziehungen oder Freundschaften beweisen, deren Tiefe man verkannt oder nicht erahnt hatte. Ob sich Jahrelanges bewährt oder Neues ergibt. Ich freue mich darauf, vieles in ein neues Licht zu rücken und neu einzuschätzen.

In der Arbeit ist die Zeit gekommen, um die Übergabe an meine Kollegen durchzuführen. Ich denke darüber nach, wie meine Kollegin meinen Part übernehmen wird. Was sie anders machen wird, was sie besser machen wird. Der König ist tot, es lebe der König. Nein, ich möchte mir jetzt keine Gedanken machen, wie es sein wird, wenn ich zurückkomme.

Heute ist der letzte Arbeitstag in Deutschland. Ich habe noch immer nicht alle Informationen über die bevorstehende Aufgabe, die ich gerne hätte. Wie läuft mein deutscher Vertrag in China weiter, werden meine Arbeitszeiten aufgestockt, wie viel Gehalt bekomme ich? Mir wird klar, dass wir gemeinsam, mein Arbeitgeber und ich, einen Versuch starten, der viel Neues und Unbekanntes in sich birgt. Ich empfinde es als spannend, mir kann nichts passieren. Ich habe einen festen Vertrag, ich kann jederzeit zurück, es ist vorerst eine Dienstreise. Trotzdem, ein kleines ungutes Gefühl bleibt. Schwierig ist es auch, das Land China einzuschätzen mit den zuständigen Behörden und Vorgaben. Ich fühle mich aber gut aufgehoben bei unserer Personalabteilung, sie gibt mir das Gefühl, hinter mir zu stehen und mich abzusichern. Und das ist gut so, es ist schließlich kein kurzer

Arbeitstrip, für mich ist es eine Lebensveränderung. Für sechs Monate in ein Land, in dem andere Traditionen, Sprachen, Zeiten, also ein komplett anderes Leben warten.

Es ist Zeit, sich von den Kollegen zu verabschieden, alle sind sehr bemüht und unglaublich nett. Manche Kollegen schauen noch extra vorbei, um tschüss zu sagen. Die engsten Kollegen organisieren sogar noch einen kleinen gemeinsamen Termin. Sie überreichen mir ein Abschiedsgeschenk, ein praktisches Büchlein für China, sehr liebevoll ausgewählt. Ich freue mich wirklich sehr und bin gerührt. Einige Kollegen wissen nicht so richtig, wie sie mit der Situation umgehen sollen, einige freuen sich für mich, andere wundern sich. Es gibt böse Stimmen, doch die meiste Resonanz ist positiv. Zum Schluss noch eine Umarmung in die Kollegenrunde, eine Träne verdrückt, den Laptop eingepackt und ab nach Hause.

29. August

Der Countdown läuft, nun ist der letzte Tag vor dem Neuanfang. Viele Freundinnen bewundern meinen Mut und würden auch gerne solch ein Abenteuer wagen. Ich bin ein Glückspilz, dass meine Familie mitmacht und dass ich dieses Abenteuer von meinem Arbeitgeber ermöglicht bekomme.

Mir ist komisch vor dem Moment des Abschieds von der Familie. Es ist der Augenblick, in dem man nochmal ins Grübeln kommt: Wieso mache ich das, was soll das Ganze, so ein Quatsch, bleib daheim, das muss nicht sein. Aber andererseits: Ich bin der festen Überzeugung, wenn man so eine Chance bekommt, darf man sie nicht verstreichen lassen. Man muss sie packen, sonst wird man immer darüber nachdenken, wie diese einmalige Chance gewesen wäre. Ich beginne meine Koffer zu packen. Die erste Kleiderauswahl gestaltet sich chaotisch. Wie um Himmels Willen sollen Kleider für ein halbes Jahr in zwei Koffer passen? Sechs Monate, die im August beginnen und im Februar enden. Also muss sowohl Sommer- als auch Winterkleidung eingepackt werden. Auch wenn ich noch so praktisch denkend die Kleidung auswähle, ich hätte fünf Koffer benötigt. Gott sei Dank hilft mir mein Sohn mit Tricks aus seiner Bundeswehrzeit, wie man am effektivsten Kleidung klein verpackt. Ich sag‘ nur, gerollte T-Shirts können Platzwunder sein.

Es ist der letzte Abend, ich will nur zu Hause bleiben bei meinen Lieben. Die Anspannung ist doch sehr groß, ich bin körperlich wirklich sehr kaputt und erledigt. Es ist erstaunlich, wie sich die Aufregung, die Ungewissheit auf Psyche und Physis auswirken.

Wir essen italienische Vorspeisen und Pizza bei schön gedecktem Tisch auf unserem Freisitz. Die Stimmung ist aufgewühlt, aber auch leicht gedämpft, keiner weiß, was kommt und was von den nächsten Monaten zu erwarten ist. Ich mache den Kindern und meinem Mann kleine Abschiedsgeschenke. Uhren für die Kinder, die noch von meinem Vater stammen, sodass sie immer sehen können, wann ich wieder zurück bin. Eine winkende Katze für meinen Mann, so weiß er, dass ich ihm immer aus der Ferne zuwinke. Auch ich bekomme Geschenke, ein Familienfotoalbum, eine praktische Reisehandtasche und einiges mehr. Es fließen viele Tränen. Dass die Nacht sehr kurz sein würde, war zu erwarten. So viele Gedanken jagen mir durch den Kopf und außerdem habe ich Zahnweh. Ist das nicht unglaublich? Exakt in der Nacht vor der Abreise bekomme ich Zahnweh …

Ist es die Nervosität vor dem Unbekannten? Zuerst hatte ich Rückenschmerzen über einige Tage, dann hatte ich einen verstauchten Zeh und jetzt Zahnweh. Na, es wird schon alles gut gehen. Warum sollten ausgerechnet jetzt Krankheiten kommen? Ich bin mir sicher, es ist der große Respekt vor dem Unbekannten.

3. Aufbruch

30. August

Abschiednehmen. Ich stehe komplett neben mir. Die gleichen Zweifel wie gestern: Was mache ich hier eigentlich? Bleib doch zu Hause. Es sind meine Kinder und mein Mann, die mich wieder ermutigten, es zu tun, und die Möglichkeit zu ergreifen. Am Bahnhof fließen sehr viele Tränen. Letzte Umarmungen, winken aus dem Zug. Ich schlucke und schniefe laut und viel, doch letztlich gewinnt die Freude überhand. Jetzt geht es los! Mit meinen vielen Gepäckstücken, mit Koffern und Handtaschen sind es fünf, ist die Zugfahrt nicht so einfach. Das Abteil ist voll und bis ich meine Koffer verstaue, meinen Sitzplatz finde, sind wir schon fast in Stuttgart angekommen. Dummerweise hat der Zug fünf Minuten Verspätung und ich bekomme meinen Anschlusszug nach Frankfurt nicht. Ich sitze am Bahngleis und muss eine Stunde auf den nächsten Zug warten. Dann geht es nach Mannheim. Dort heißt es nochmal umsteigen nach Frankfurt. Eigentlich war geplant, dass ich mit dem Flugzeug von Stuttgart nach Frankfurt fliege und das Gepäck schon in Stuttgart einchecke. Doch, große Aufregung am Vorabend, der Flug wurde überraschend gestrichen, ich musste auf den Zug umsteigen.

31. August

Angekommen in Frankfurt läuft alles gut. Ich bin noch in der Zeit, hatte Gott sei Dank genügend Luft eingeplant. Das Einchecken verläuft ohne Probleme. Bei Flügen über acht Stunden darf man vom Unternehmen aus Business Class fliegen. Welch angenehmer Luxus, denn damit gibt es keine Diskussionen wegen meines Übergepäcks. Außerdem kann ich die Wartezeit in der Business Lounge verbringen. Hier lese ich in Ruhe nochmal deutsche Zeitungen, esse eine Kleinigkeit und warte auf den Abflug. Ich bin nun erstaunlich gelassen. Meine größte Sorge, rechtzeitig am Flughafen zu sein, hat sich erledigt, ich bin da. Als der Flug zum Boarding aufgerufen wird, rufe ich schnell meine Familie an. Mit vielen unterdrückten Tränen, aber einem guten Gefühl, beende ich das Gespräch. Ich fühle mich bereit. Jetzt herrscht Vorfreude pur. Ich denke gar nicht explizit an die Zeit, die vor mir liegt, sondern freue mich einfach auf die Abwechslung. In den Flieger steigen geht für mich einher mit dem Gefühl des Neuen, von Erlebnissen, Abenteuern. Ich sitze im Flieger, schnalle mich an und höre den Durchsagen der Crew zu. Der Flieger beschleunigt, wird schneller und schneller und hebt ab. Das Gefühl ist unbeschreiblich, ich bin tatsächlich auf dem Weg nach

Nanjing und werde dort ein halbes Jahr arbeiten. Unglaublich. China, ich komme!

Die Flugzeit beträgt 10 Stunden und 15 Minuten. Alles kein Problem in der Businessklasse. Die Beine ausgestreckt, den Sitz wie eine komplette Liege flachgelegt, wie ein richtiges Bett. Leider kann ich im Flieger nicht schlafen, aber bei diesem Flug möchte ich gar nicht schlafen. Ich will alles mitnehmen, das Essen, die Filme, den Service, das Gefühl der großen weiten Welt. So vergeht der Flug sehr schnell und beim Landeanflug erhasche ich die ersten Blicke von oben auf meine neue Welt. Eine Mischung aus Grünflächen und beeindruckenden Wolkenkratzern empfängt mich.

01. September

Nach der Landung geht es zum Immigration Desk. Hier bekomme ich Respekt vor den vielen Chinesen. Alle sind offiziell wirkende Personen, scheinen Kontrolleure zu sein und haben ernste Gesichter. Insgeheim bete ich, dass ich wirklich alle Unterlagen korrekt ausgefüllt habe, die richtigen Antworten geben kann und ohne Probleme einreisen darf. Geschlagene 20 Minuten stehe ich unter Beobachtung und meine Papiere werden kontrolliert. Die Immigration Card, die ich ausgefüllt habe, scheint schlecht lesbar. „Meine" Inspektorin beratschlagt und diskutiert mit anderen

Kollegen, bevor sie letztendlich doch die Papiere abstempelt. Komisch, dass man immer ein schlechtes Gefühl hat, wenn man von Beamten unter die Lupe genommen wird.

Danach geht alles recht schnell weiter, das Gepäck erscheint als eines der ersten auf dem Gepäckband. Ich lade es auf zwei Gepäckwägen und laufe in Richtung Ausgang. Wie fühle ich mich? Aufgekratzt freudig, aber gleichzeitig auch verunsichert und ängstlich. Gott sei Dank habe ich nicht viel Zeit darüber nachzudenken. Jetzt muss alles klappen: Gepäck, Immigration, erstes Treffen mit einer chinesischen Kollegin. Im Vorfeld hatte ich mit ihr vereinbart, dass sie mich vom Flughafen abholen würde.

Wenn ich im Nachhinein daran denke, wie aufgeregt und unsicher ich war, muss ich schmunzeln. Nach den sechs Monaten habe ich eine Gelassenheit und Souveränität im Umgang mit unbekannten Situationen erlangt, von der ich damals noch nicht zu träumen gewagt hatte.

Nun bin ich jedenfalls gespannt, ob meine Kollegin schon bereitsteht. Ich weiß nicht, wie sie aussieht, und hoffe doch, sie zu erkennen. Das gute alte Pappschild mit Namen bewährt sich in dieser Situation. Sie steht bereit, hält meinen Namen hoch und ich winke ihr zu. Meine Anspannung löst sich, jetzt kann nichts mehr schiefgehen, ich bin tatsächlich angekommen. Mit ihrem Auto fahren wir los, rund eine Stunde durch meine neue Heimatstadt.

Die ersten Eindrücke umhüllen meinen Kopf, endlose Straßen, unzählige Autos, Staus und tausend blitzende Lichter, Kameras und Ampeln. Nach und nach wird mir bewusst werden, wie überwacht die Stadt, das ganze Land ist. Doch zu diesem Zeitpunkt nehme ich nur Einzelheiten wahr, denke nicht darüber nach, reflektiere nicht.

Die ersten Gespräche werden geführt, die Befürchtung, mein Englisch könnte nicht mehr gut genug sein, zerschlägt sich schnell.

Bald werde ich feststellen, dass ich zwar in einer Neunmillionenstadt bin, von Internationalität aber nicht viel zu spüren ist. Für chinesische Verhältnisse ist es eine eher kleine Stadt, die noch auf der Suche nach ihrem internationalen Profil ist.

Angekommen vor meinem Apartmentkomplex, den ich bereits von Bildern kenne, bin ich beeindruckt. Eine tolle Wohnanlage, die ehemals für die Sportler der Jugendolympiade 2016 gebaut worden war. Meine Wohnung umfasst zwei Schlafzimmer, zwei Bäder, ein Wohnzimmer und eine Küche. Ich habe das Gefühl, alles klappt wunderbar, nichtsdestotrotz überkommt mich bleierne Müdigkeit. Ich habe bei 24 aufgehört, die Stunden zu zählen. Wie lange ich schon unterwegs bin, weiß ich nicht mehr. Eigentlich will ich nur noch duschen und schlafen. Doch ich bin nicht im Urlaub. Das Geschäft ruft und ich habe meinen ersten Termin mit meinem neuen Chef. Also heißt es Koffer abstellen und einmal kurz die Hände waschen. Danach geht es im Eiltempo zu einem Fischrestaurant, wo wir zu Mittag essen. Das erste chinesische Mittagessen in einer Shopping Mall, das Essen ist unglaublich lecker, abwechslungsreich und viel. Noch schnell ein Abstecher in einen kleinen Supermarkt mit – natürlich – chinesischen Produkten. Auf die Schnelle versuche ich anhand von Bildern zu verstehen, was Shampoo oder Spülung sein könnte. Ich suche noch ein paar Getränke und Dinge, von denen ich glaube, erkennen zu können, was es ist: Kaffeegranulat, Milch, ein chinesisches Rosinenbrötchen und Papaya. Ab sofort gilt erst recht das Prinzip: offen für Neues und Überraschungen.

Anschließend fahren wir ins Büro. Vorstellungsrunde bei meinen Kollegen. Eigentlich will ich viel frischer und erholter aussehen, aber, nun ja ... Ich fühle mich so, wie man sich fühlt, wenn man zwei Tage unterwegs und nicht frisch geduscht ist und immer die gleiche Kleidung trägt. Ein Glück, dass ich mich für den Flug einigermaßen gut gekleidet habe, so bin ich den Umständen entsprechend repräsentativ genug. Ich freue mich, alle kennenzulernen, bin erleichtert, wie nett und aufgeschlossen alle mir gegenüber sind.

Über was ich aber total erschrecke, ist die Tatsache, dass für mich alle Kollegen zunächst gleich aussehen. Ich erkenne keinen Unterschied. Mir ist das total unangenehm und ich überlege im Gegenzug, ob wir Europäer für die Asiaten wohl auch alle gleich wirken?

Nach dem Kennenlernen, einem ersten Austausch und einem Probesitzen am Schreibtisch fahre ich endlich ins Apartment zurück, unter die lang ersehnte heiße Dusche. Mein Chef fragte mich im Büro, ob ich am Abend noch mit ihm Essen gehen möchte. Ich lehnte dankend ab. Denn jetzt lege mich ins Bett und schlafe zwölf Stunden traumlos durch.

02. September

Der erste Morgen in Nanjing beginnt schön. Die Sonne spitzelt durch die Vorhänge. Ich kann vom Bett aus die Wolkenkratzer betrachten, die mich am Abend noch bunt leuchtend und mit ihrer großen Höhe beeindruckt haben. Sowohl aus meinem Schlafzimmer als auch aus meiner Küche und dem Bad sehe ich auf riesige Wolkenkratzer. Es ist eine andere Welt, abends leuchten, flimmern und blinken die Gebäude und sind wunderschön anzusehen. Tagsüber wirken manche Gebäude grau und trist, andere wiederum beeindrucken mit ihrer modernen Architektur.

Meine erste Tasse Kaffee trinke ich mit einem Hochgefühl, einer gewissen Erhabenheit über das Leben. Ich fühle mich als Gewinner, als Sieger, was für ein unübertreffliches Empfinden. Der Blick auf die Wolkenkratzer, das chinesische Fernsehprogramm im Hintergrund, machen mich in Gedanken zu einer Frau von Welt.

Um 10:00 Uhr treffe ich mich mit meinem Chef, um gemeinsam in die Arbeit zu laufen. Da er ebenfalls in dem Appartementkomplex lebt, verabreden wir uns in der Lobby. Ich habe meine Haare hübsch glatt geföhnt und mein Businesskleid angezogen. Leider habe ich nicht bedacht, dass wir bei 35C° und 80% Luftfeuchtigkeit eine halbe Stunde zur Arbeit laufen. Bereits nach fünf Minuten läuft mir das Wasser ins Gesicht, über den Rücken, den Bauch, die Beine, über den Po bis zu den Zehen hinab. Meine Gesichtsfarbe verwandelt sich in hochrot und meine Haare beginnen sich bei der Luftfeuchtigkeit in krause Locken zu verwandeln. Dezent nimmt mich mein Chef im Eingangsbereich des Büros zur Seite und fragt mich, ob ich – bevor wir zu den Kollegen gehen – nochmal schnell zur Toilette möchte. Ich habe den Wink verstanden und versuche in der Kürze der Zeit mit Toilettenpapier und kaltem

Wasser, das Beste aus der Situation zu machen. Der große Wurf gelingt mir nicht, umschreiben würde ich mich im Nachhinein wie ein Pudel mit Bluthochdruck. Ich kann es nicht ändern, da muss ich durch. Erst am Arbeitsplatz, dank der Klimaanlage, normalisiert sich mein Zustand wieder und ich fühle mich wohler.

Der erste Arbeitstag läuft angenehm, wieder sind alle sehr freundlich, bemüht und geduldig. Schnell wird mein Arbeitsplatz mit Laptop und Drucker verbunden und schon sitze ich mit im ersten Meeting. Die Zeit vergeht rasend schnell, um 9:00 Uhr war Arbeitsbeginn, um 17:30 Uhr geht es nach Hause.

Um Punkt zwölf Uhr ist für eine Stunde Mittagspause und wir gehen gemeinsam in die Kantine. Dort gibt es ein kleines Buffet, das absolut authentisch ist. Die verschiedenen Gerichte kann ich nicht definieren, aber sie schmecken köstlich. Der große Unterschied zum deutschen Essen ist sicherlich, dass man kleine Schälchen mit unterschiedlichen Gerichten bekommt. Wunderbar für mich, denn ich liebe es, verschiedene Speisen zu probieren. Selbstverständlich wird mit Stäbchen gegessen; Gott sei Dank fällt mir das leicht. Die Kollegen sind nach exakt 15 Minuten mit dem Essen fertig und gehen zurück ins Büro. Ich sitze etwas verdattert vor meinen Schälchen und verstehe die Mittagspause nicht. Es stellt sich heraus, dass die meisten Kollegen schnell essen und danach einen Mittagsschlaf am Arbeitsplatz machen. Nahezu jeder hat ein Kissen, eine Decke oder sogar ein ausklappbares Bett am Schreibtisch und macht ca. eine halbe Stunde Mittagsschlaf. Zwei Kollegen sind sehr aufmerksam, bleiben bei mir am Mittagstisch und warten, bis auch ich fertig bin. Es ist ein gutes Gefühl, die Kollegen gehen auf mich ein. Wenn ich denke, dass ich hier ein halbes Jahr mit ihnen verbringe, freue ich mich sehr darauf, doch ein klein wenig komisch ist die Situation doch. Momentan habe ich das Gefühl, es ist eine kurze Episode und nächste oder übernächste Woche fliege ich wieder nach Hause. Aber dem ist nicht so, leider oder Gott sei Dank? Wirklich zum Nachdenken komme ich nicht.

Den Abend verbringe ich mit meinem Chef, er lädt mich zum Essen ein. Wir gehen in ein Restaurant, das sein Lieblingslokal ist, und es schmeckt wirklich ausgezeichnet. Ich stelle fest, dass das gemeinsame Essen in China unglaublich wichtig ist. Jetzt frage ich mich, wie ich meinen ursprünglichen Plan umsetzen soll, der da heißt, dass ich abnehmen möchte und rank, schlank und welterfahren nach Hause zurückkehre. Hatte ich nicht in Erinnerung, dass die chinesische Küche zum größten Teil aus Reis und gesundem Gemüse besteht? Die Küche heute war definitiv nicht nur gesund, zwar Gemüse, aber auch Fleisch und Fisch und alles in Fett gebacken. Aber Fazit, es hat super geschmeckt. Und auf neue Geschmackserlebnisse verzichten? Bestimmt nicht.

Jetzt sitze ich zu Hause und versuche mit meinem Handy oder Tablet ein deutsches Fernsehprogramm zu empfangen. Es gelingt auch gut, den WLAN-Code muss ich zwar mehrmals nachfragen, aber dann funktioniert es schließlich. Im Fernsehen laufen nur chinesische Sender, die Hausverwaltung ist bemüht, mir auch englische Sender zur Verfügung zu stellen, doch das kann noch einige Wochen dauern. Aber chinesisch ansehen ist auch interessant. Es gibt viele Serien und Shows, die man auch ohne Sprachkenntnisse versteht. Insbesondere die Fernsehshows sind beeindruckend, mit welchem Aufwand sie produziert werden! Riesige Hallen oder Sendestudios mit einem riesigen Publikum.

Ich bin versucht, meine Lieben zu Hause jeden Tag anzurufen, und mache dies eigentlich auch. Es ist so schön, mit ihnen zu sprechen, wenn auch oft nur kurz. Ich entdecke die Vorteile von face-to-face-Anrufen, eine große Nähe trotz Distanz. In China laufen alle Telefonate und Kontakte über WeChat, ein ähnlicher Anbieter wie WhatsApp, aber eben chinesisch. WhatsApp ist in China nicht erlaubt.

Nach den Telefonaten ist es allerdings da, das Gefühl der weiten Entfernung. Wenn alles normal läuft, kein Problem, aber bei besonderen Dingen kann man nicht eben mal schnell dabei sein.

So kommt auch ein wenig Sorge auf, da meine Tochter für vier Wochen alleine mit Interrail durch Europa fahren wird. Sie wird schon vernünftig sein, sie hat mir fest versprochen sich regelmäßig zu melden, nicht die billigsten Unterkünfte zu nehmen und sich anderen Mädels anzuschließen, die sie auf der Tour kennenlernt. Ich kann nur hoffen, dass alles gut geht. Es macht eigentlich keinen Unterschied, ob ich in Deutschland oder China bin, sie wird so oder so fahren. Sorgen als Mutter macht man sich nahezu immer. Aber in solchen Situationen scheint China einfach soooo weit weg … Doch davon muss ich mich für die nächsten Monate lösen.

04. September

Das erste Wochenende ist da, das heißt, ich nutze die beiden Tage für Sightseeing. Ich bestelle mir über die Rezeption in meiner Wohnanlage ein Taxi und fahre in die Stadt. Irgendwie erscheint mir die Atmosphäre vertraut, kommen doch Erinnerungen wieder hoch, wie es damals vor 30 Jahren war, als mein Vater noch in Taipeh lebte. Zusammen mit meinem Bruder habe ich ihn regelmäßig in den Ferien besucht und verbrachte bis zu sechs Wochen entweder in Taipeh, Hongkong oder in Singapur. Im Arbeitsvertrag meines Vaters war jährlich ein „around the world"-Ticket für uns Kinder vorgesehen, was wir liebend gerne in Anspruch nahmen. Die Gerüche, die Geräusche, das Klima, es kommt mir alles sehr vertraut vor.

Doch trotzdem, es ist ein komisches Gefühl, denn eigentlich sollte meine Familie dabei sein. Die letzten Jahre war es selbstverständlich, dass wir alles gemeinsam erlebt haben, Urlaube, Ausflüge etc.! Wo sind denn plötzlich alle? Ich verdränge das aufkeimende Heimweh und lasse mich von den Eindrücken der Stadt ablenken. Die Stadt ist sehr groß und eine Kombination aus Tradition und Moderne. Der berühmte chinesische Nudelshop steht zwar noch da, doch gleich dahinter ist der über 100 Meter hohe Prada Shop, der Chanel Shop oder Tiffany's. Ich laufe, laufe und laufe und versuche mir so viele Sehenswürdigkeiten wie möglich anzusehen sowie Straßen, U-Bahnstationen und Geschäfte einzuprägen. Mit dem Taxi fahre ich zurück und hoffe, dass mich der Taxifahrer nicht beschummelt und Stunden durch die Stadt fährt. Ich hätte es nicht erkannt, mich nur gewundert, warum der Weg so weit ist

… Aber alles läuft gut. Gott sei Dank habe ich mir meine Adresse mit chinesischen Schriftzeichen aufschreiben lassen, sodass die Taxifahrer die Adresse lesen können. Wie ja schon erwähnt, ist Nanjing eine große, aber leider keine internationale Stadt. Kein einziger Taxifahrer, mit dem ich während der Zeit gefahren bin, konnte auch nur ein Wort Englisch, geschweige denn eine auf Englisch geschriebene Adresse lesen.

Gleich am Anfang meines Aufenthalts erkenne ich, dass es wichtig ist, drei Dinge immer bei sich zu haben: Handy, Pass und die chinesische Adresse. Bargeld habe ich zwar auch dabei, aber das ist wirklich nur für den Katastrophenfall. Denn in China wird wirklich nahezu alles bargeldlos bezahlt, selbst in der kleinsten Suppenküche. WeChat lautet das Zauberwort. Über WeChat wird das halbe Leben gesteuert. Egal, wo, auf dem Markt, im Taxi, in Läden es geht alles über WeChat. Bargeld wird, wenn überhaupt, nur sehr ungern angenommen.

Ich habe mir in weiser Voraussicht, zusätzlich zu meinem aktuellen Handy, ein altes Handy ohne SIM-Karte mitgenommen. Dafür kaufe ich mir eine chinesische SIM-Karte, sodass ich nun eine chinesische Telefonnummer habe. Mit dieser kann ich dann mein chinesisches Konto verbinden und Geld aufladen. Hat man das geschafft, ist das Bezahlen ein Kinderspiel. So kurz und knapp aufgezählt klingt es recht einfach. Doch bis ich als Ausländerin in China ein Bankkonto eröffnet habe, die SIM-Karte gekauft ist, last but not least die Zusammenhänge verstanden sind und das Ganze auch noch funktioniert, ist es ein langer Weg. Es kostet viele Nerven und ohne Zutun einer chinesischen Mittelsperson ist es für Ausländer nahezu unmöglich. Aber dazu später mehr.

Die multimediale Technik und das entsprechende Verständnis ist ein sehr großes Thema meines Aufenthaltes. Wie oft denke ich, dass meine Kinder stolz auf ihre Mutter wären, wenn sie wüssten, wie ich das alles meistere. Vielleicht bin ich auch zu naiv losgefahren, mit zu wenig Information im Gepäck. Welche Apps nützlich sind, wie man was im Ausland herunterladen kann, was es kostet etc. Man muss immer bedenken, dass ich nicht in einem Hotel wohne, in dem man als Ausländer Zugang zu westlichen Einrichtungen wie z.B. WhatsApp oder den Playstore bekommt. Für den Durchschnittschinesen ist dies schlicht nicht möglich. Da ich wie eine normale Chinesin lebe, ist es daher auch für mich nicht möglich. Eine Freundin hatte mir den Tipp gegeben, VPN zu benutzen. Über diese VPN-Leitung, die übrigens in China auch nicht offiziell erlaubt ist, kann man aber auf WhatsApp zugreifen. So kann ich, zwar nicht immer, aber gelegentlich, auch über WhatsApp kommunizieren.

Was ich leider verpasst habe, war, mir im Vorfeld einen passenden Auslandstarif für mein Handy zu besorgen. Mit meinem bisherigen Tarif von zuhause bin ich in keinem internationalen Spartarif. Damit mache ich gleich an diesem Wochenende die erste bittere Erfahrung. Inmitten des chinesischen Trubels, beeindruckt von der chinesischen Welt, will ich meinem Mann meine Eindrücke mitteilen. Wir telefonieren wirklich nur ganz kurz und ich bekomme sofort eine Nachricht meines Anbieters, dass mein Guthaben aufgebraucht sei. Das Geld rattert durch wie nichts – wer kennt das nicht mehr von den alten öffentlichen Telefonzellen früher? Gott sei Dank hatte ich vorher noch die Einstellung geändert, sodass das Geld automatisch eingezogen wird. Denn was in Deutschland eine Kleinigkeit ist, nämlich das Guthaben aufzuladen, stellt sich in China kompliziert dar. Also, eine erste Lehre ziehe ich gleich am Anfang: Vorher einen Tarif buchen, der auch das chinesische Ausland beinhaltet. Somit kann ich momentan leider vorerst mit meinem deutschen Handy nur von zuhause über WLAN, nicht aber von unterwegs kommunizieren, da sonst die Kosten unüberschaubar sind. Aber nicht nur der spontane Kontakt mit meiner Familie fällt erst mal aus, das

Ganze zieht einen „Rattenschwanz“ nach sich. Keine Verbindung unterwegs bedeutet auch, kein Online-Stadtplan, kein Online-Übersetzungsprogramm. Und das alles an meinem ersten Ausflugstag! Ich bin erst einmal wie versteinert, als ich erkenne, dass mein Stadtplan nicht mehr funktioniert und ich mich außerdem nicht verständigen kann. An die aufkommende Panik erinnere ich mich gut, alleine, verloren in einer Millionenstadt. Flucht ist der einzige Gedanke, Flucht nach Hause. Diese Phasen kommen gelegentlich, gehören wohl dazu. Wie einfach schreibt sich das in der Retrospektive, aber es ist so. Es stärkt letztlich. So fremd und verloren ich mir am Anfang vorkomme, so souverän und entspannt gehe ich am Ende mit den Situationen um.

Nun an diesem Wochenende rettet mich ein altmodischer, praktischer Faltstadtplan, den ich eingesteckt habe. Ich brauche zwar für meine Wege doppelt so lange, da ich die Schriftzeichen der Straßen meist falsch vergleiche, doch fast immer komme ich am richtigen Ziel an. Es ist das erste Wochenende, ich bin unter keinem Zeitdruck, das ist gut. Als ich wieder zurück in meinem Apartment bin, stürze ich mich auf mein Handy und telefoniere. Mein Sohn gibt mir den Tipp, mit Offline-Apps zu arbeiten. Auf so eine Idee wäre ich in Deutschland nie gekommen, wozu auch? In

Deutschland scheint alles ganz einfach mit WLAN oder mobilen Daten, irgendwie funktioniert es. Und selbst wenn nicht, dann frage ich nach. Aber in China? Bei wem soll ich da nachfragen? Sein Tipp ist jedenfalls Gold wert für mich. Sowohl ein Offline-Straßenplan als auch eine Offline-Übersetzungsapp sind verfügbar. Für dieses Wochenende habe ich aber vorläufig genug erkundet. Mit den neuen Hilfsmitteln geht es nächstes Wochenende aber sicherlich weiter und ich werde den nächsten Teil der Stadt erkunden.

4. Das Leben, die Technik, der Alltag

07. September

Die Zeitverschiebung macht sich nun deutlich bemerkbar. Ich schaffe es nicht vor 2 Uhr nachts einzuschlafen, stelle mir aber für morgens um 7:30 den Wecker, um in den Rhythmus zu kommen. Definitiv zu wenig Schlaf für mich. Doch da muss ich durch. Die Nächte sind prinzipiell ok, ich fühle mich sicher in der Wohnung. Sehr gewöhnungsbedürftig für mich sind die Matratzen. Sie sind in China steinhart. Egal, wo ich schlafen werde, auch in den chinesischen Hotels, glaube ich, auf einem Brett zu liegen. Doch auch hier einmal mehr die Erkenntnis: Ich kann es nicht ändern, also beschließe ich, nichtsdestotrotz gut zu schlafen, was mir nach einiger Zeit auch tatsächlich gelingt.

Es sind erst ein paar Tage vergangen und schon wieder kommt eine Erkenntnis. Viele Mütter kennen das Bedürfnis: Ruhe zu haben, alleine zu sein, nicht reden zu müssen, mit niemanden den Fernseher teilen zu müssen und machen können, was man möchte. Plötzlich habe ich so ein Leben: mich mit niemandem abstimmen müssen, nicht teilen müssen, nicht einkaufen müssen, nur für mich selbst denken. Was für eine neue Freiheit. Wie bei Kevin allein zu Haus! Und doch erwische ich mich bei allen Einkäufen, Erfahrungen, Eindrücken, die ich mache, dass ich sie am liebsten mit meiner Familie teilen möchte. In jedem Laden überlege ich, was ich meiner Familie zeigen könnte. Das neueste Kopfhörermodell, glitzernde Modeaccessoires, chinesische Seidenkrawatten oder Handtaschen, die sehr an Chanel erinnern. Alle Impressionen, die ich von der faszinierenden anderen Welt kennenlerne, möchte ich so gerne teilen. Ich möchte mich mitteilen. Und plötzlich ist es nicht möglich. Ich komme ins Nachdenken.

08. September

Was hat man eigentlich früher, ohne die heutigen technischen Hilfsmittel, getan? Wie hat man Kontakt zur Familie gehalten? Einmal in der Woche telefoniert? Briefe geschrieben und bis die Antwort kam gehofft und gebangt, dass alles in Ordnung ist? Oder ist man als Mutter einfach nicht weggefahren? Und schon gar nicht ein halbes Jahr. Wie war es für meine Mutter, wenn mein Bruder und ich wochenlang in den Ferien bei meinem Vater waren?

Ich klammere mich nun wie eine Ertrinkende an mein Handy, es scheint der einzige Kontakt nach Hause. Keiner darf es berühren, es ist der größte Schatz, den ich habe. Wehe, das WLAN funktioniert nicht, ich flippe aus, beginne nervös zu werden. Wenn gar nichts geht, schalte ich auf mobile Daten um, mir doch egal, was es kostet. Ich will Heimat hören ...!

Kleine Erfolge werden übrigens gefeiert wie ein Olympiasieg! Ich habe es selbst geschafft, über Bluetooth Handy und Stereoanlage zu verbinden und kann jetzt Musik hören. Zuhause erledigten das meine Kinder, dazu bin ich bisher zu wenig technikaffin gewesen. Alle Playlisten meiner Tochter, so schön! Aber alles kann ich nicht anhören, sonst muss ich weinen.

Durch die Zeitverschiebung, es sind acht Stunden, verschicke ich die meisten Nachrichten an Familie und Freunde am Abend. Da ist es in Deutschland mitten in der Nacht. Meine Freude ist riesig, wenn ich am Morgen aufstehe und ich viele Rückmeldungen bekommen habe. Dieses Ritual wird sich die nächsten Monate festigen und mir sehr oft helfen, den Tag gut zu beginnen.

08. September

Es ist interessant, ich lebe auf der anderen Seite der Welt und gehe Wege, die mir nach dieser kurzen Zeit schon vertraut erschienen, der Weg morgens in die Arbeit, mittags in die Kantine, der Supermarkt. Der geliebte Rest der Familie hat diese Wege noch nie gesehen. Nach wie vor, bei allem, was ich mache, spreche, ansehe, im Hinterkopf bleibt die Frage, was meine Familie machen, sagen würde. Es wird mir bewusst, wie eng verbunden wir sind. Ob das je aufhört? Ich hoffe, nie, denn es ist ein wunderbares Gefühl.

09. September

Heute ist der erste Tag, an dem es den ganz großen Durchhänger gibt. Von einer Minute auf die andere fühle ich mich elend, einsam, verlassen und habe Tränen in den Augen. Ich sitze im Büro am Schreibtisch und muss mich beherrschen, damit die Tränen nicht zu laufen beginnen. Was mach‘ ich hier? Ich bin alleine, wie soll ich Anschluss finden? Im Büro sind alle jung, sehr unwahrscheinlich, dass jemand den Kontakt zu mir sucht. Vielleicht bin ich noch zu kurz da, es dauert eben. Sympathien, Kontakte müssen sich ergeben, erzwingen kann man diese nicht. Weder in Deutschland noch in China. Sehr bemüht ist mein Chef, ein Holländer, der neben seiner eigenen Sprache deutsch, englisch und chinesisch beherrscht. Da er ja fast nebenan wohnt, fragt er oft, ob ich mit ihm am Abend zum Essen gehen möchte oder ob wir gemeinsam zur Arbeit laufen wollen. Er redet gerne mit mir und viel, auf Deutsch, auf Englisch, manchmal erklärt er mir auch chinesische Ausdrücke, das tut gut.

Wovon ich zehre und was ich sehr bewusst wahrnehme, sind die kleinen Begegnungen. Auf meinem Weg zur Arbeit laufe ich an einem kleinen Fluss entlang. Ich mag den Weg, er ist schattig und kühl und weg vom lauten Straßenlärm. Ich komme jeden Tag an den gleichen Leuten vorbei, dem Polizisten, der das große Hotel bewacht oder der kleinen alten Chinesin, die auf dem Kahn die Blätter im Fluss rausfischt. Ich versuche alle zu grüßen. Es zahlt sich aus, die Chinesin winkt mir jeden Morgen zu und ruft mir auf Chinesisch „guten Morgen" zu. Ich grüße auf Chinesisch zurück und sie lacht jedes Mal laut und herzlich. Unfassbar, wie ich die Umwelt anders wahrnehme, anders durch die Welt gehe. Liegt es daran, dass ich zu Fuß gehe? Liegt es daran, dass ich alleine hier bin, ohne „Ablenkung"? Ich fühle mich dankbar für jede Ansprache, aber auch viel offener und sensibler für Neues. Jeder neue Kontakt, jedes kleine Kopfnicken oder jeder Gruß von anderen Menschen schenkt Freude.

10. September

Ich beschließe, jeden Tag einen Satz, ein Wort chinesisch zu lernen. Ich hoffe so in einen unkomplizierteren Kontakt mit den Kollegen zu kommen. Schließlich ist auch das ja Sinn und Zweck des beruflichen Aufenthalts. Viele der Kollegen sind natürlich auch interessiert daran, ein paar Worte Deutsch zu lernen, so könnte – aus meiner Sicht – sogar eine kleine persönliche Kommunikation entstehen. Natürlich tauschen wir uns jeden Tag aus, jedoch bisher nur auf Englisch und nur geschäftlich. Ich möchte aber versuchen, etwas privatere Kontakte zu knüpfen. Vielleicht schaffe ich es sogar, in dem halben Jahr ein bisschen chinesisch sprechen lernen zu können. Vielleicht nehme ich mir auch noch einen Lehrer.

Und plötzlich, wie aus dem Nichts, taucht der Druck auf: Du musst ja aus dem Ganzen auch etwas machen. Was erwarten die anderen von mir? Die Kollegen, mein Arbeitgeber, meine Freunde, meine Familie? Erwartet jeder, dass ich zurückkomme und perfekt chinesisch sprechen kann? Wird erwartet, dass ich zum Geschäftsprofi zwischen China und Deutschland werde, dass ich schlank und schön zurückkomme? Plötzlich beginne ich mir solche Gedanken zu machen. Verpasse ich alles in dem halben Jahr und mache nichts daraus?

Aber anders gedacht: Ist das, was ich mache, ein halbes Jahr in China arbeiten, nicht schon an sich etwas ganz Tolles? Irgendwie ein Klassiker: Warum denke ich überhaupt darüber nach, was die anderen denken? Meine Ziele für die Arbeit sind klar definiert. Warum mache ich mir solche Gedanken, setze mich zusätzlich unter Druck? Ich versuche, meinen Kopf zu ordnen und zu ergründen, was ich persönlich aus diesem halben Jahr machen will oder ob dieses halbe Jahr an sich nicht schon genug „gemacht" ist! Natürlich weiß ich, dass viele Studenten im Studium die halbe Welt bereisen, Auslandssemester verbringen, junge Leute und Topmanager ganz selbstverständlich auf ihrem Karriereweg für ein Secondment ins Ausland gehen, oft für länger oder in verschiedene Länder. Trotzdem für mich, aus meiner Sicht: Ist das nicht ein unglaublicher Schritt, den ich hier gewagt habe, in meiner Situation, in meinem Alter, das soll mir mal jemand nachmachen!

11. September

Wie schnell das geht. Ein gewisser Alltag spielt sich ein. Doch die Routine tut gut. Es macht mir Spaß, in die Arbeit zu gehen, die Kollegen werden immer vertrauter. Es ergeben sich die ersten persönlichen Gespräche und Treffen. Natürlich bin ich mit 51 Jahren die älteste Kollegin, doch glaube ich, in meinen Gedanken jugendlich und flexibel geblieben zu sein, und kann mich so in die jungen Kollegen hineinempfinden. Im Nachhinein habe ich übrigens erfahren, dass man in China als Frau mit Anfang 50 in Rente geht. Ich möchte nicht wissen, was die Kollegen gedacht haben, als sie mich zum ersten Mal gesehen haben …? Huch, was macht denn eine Rentnerin hier?

Bei meinem ersten offiziellen Geschäftsessen habe ich ein sehr nettes Erlebnis. Ich hatte in meinen China-Reisebüchern gelesen, dass oft beim Essen Schnaps serviert wird und es als höflich gilt, diesen zu trinken. Als einzige Europäerin am Tisch lasse ich mir ein Glas Schnaps einschenken, zusätzlich zu Rotwein und Orangensaft, die ständig nachgeschenkt werden. In China ist es unüblich, das Glas auszutrinken und erst dann nachzuschenken, nein, hier sollte es nie leer werden. Es wird permanent nachgeschenkt. Alkohol gehört zu einem ordentlichen Abendessen dazu und nicht genug Alkohol zu servieren, ist genauso unhöflich, wie wenn man nicht genug Essen serviert. In China trinkt man den Schnaps auch gerne auf einen Schluck leer. Allerdings sprechen wir hier nicht von einem kleinen Schnapsglas, sondern von Gläsern, die unseren Wassergläsern entsprechen. Mit „Gambei" stößt man lauthals an. Ist das Glas leer, wird direkt nachgeschenkt. Meine Kollegen halten sich mit dem Schnaps zurück, nur unser Gastgeber, der mich auf einem Ehrenplatz direkt neben sich platziert hat, erhebt ein ums andere Mal das Glas. Er hat die größte Freude daran, mit mir via Schnapsglas zu kommunizieren, er spricht kaum Englisch, und so trinke ich wie er nach jedem Gang ein Glas Schnaps. Wie ich anfangs schon erklärt habe, wir sprechen nicht, so wie beim deutschen Essen, von drei Gängen. Wir sprechen von mindestens 20 verschiedenen Gerichten, die nach und nach auf die drehende Platte in der Mitte des Tisches serviert werden. Mit jedem Schnaps, den ich trinke steigt die Bewunderung und Freude meines chinesischen Tischherrn. Eine Europäerin, die mithält? Meine Kollegen übersetzten lachend, wie sehr sich unser Gastgeber darüber freue. Irgendwann kommt es ihm wohl doch komisch vor und er warnt mich, dass der Schnaps sehr hochprozentig sei. Mir jedoch geht es gut, ich bin tatsächlich „schnapserprobt“. Ursprünglich aus Bayern, kenne ich Bierzelte, Bierfeste, Schnapsabende auf Hütten und Ähnliches. Trotzdem ist es mir sehr peinlich, als mir am Ende des Abends, unter großem Gelächter aller Kollegen, eine ganze Flasche Schnaps überreicht wird. Der Geschäftspartner und Gastgeber hat mich in sein Herz geschlossen. Von diesem Abend an bekomme ich nach jedem gemeinsamen Abendessen eine Flasche Schnaps geschenkt. Es war ein sehr lustiger Abend und ein unvergessliches Erlebnis.

12. September

Es ist schon komisch, da sitzt man vor irren Bauten in einer anderen Welt, erlebt tolle Dinge und einem ist doch wehmütig ums Herz. Ein Zeichen, dass man zuhause doch alles richtig gemacht hat? Ja! Ein Zeichen, eine Erkenntnis, eigentlich nur positiv, ich vermisse zuhause, freu‘ mich auf zuhause. Jetzt aber bin ich erst mal vollkommen zufrieden hier.

Es sind wirklich tolle Sachen, die ich erlebe. Heute war ein Teambuilding BBQ. Schon allein die Hinfahrt ist berichtenswert. Ich schließe mich sicherheitshalber meiner Kollegin an, die ein Auto hat. Die vermeintlich zehnminütige Autofahrt dauert fast eine Stunde, da sich meine Kollegin drei Mal an der gleichen Stelle verfährt. Da die Dimensionen in China ungemein größer sind als bei uns, bedeutet dies jedes Mal einen zusätzlichen Weg von 15 Minuten. Am Anfang sitze ich noch stumm neben ihr im Auto, will mich nicht einmischen und sie nicht bloßstellen. Beim dritten Mal übernehme ich die Führung und helfe ihr, den richtigen Weg zu finden. Wir sitzen zusammen lachend im Auto und kommen endlich ans Ziel. Ein Erlebnis, das uns verbindet, noch lange lachen lässt und anfängliche Hemmschwellen einreißt. Wir treffen uns mit dem Team in einem großen Freizeitpark. Als wir ankommen warten die anderen schon auf uns und wir gesellen uns schnell dazu. Da der Freizeitpark vor allem für Familien ist, stehen kleine Kinderstühle um die vorbereiteten Grillstationen. So sitzen wir im Kreis und zunächst beginnt der offizielle Teil: Die verschiedenen Abteilungen präsentieren sich mit Zahlen, Daten, Fakten. Da nahezu alles auf Chinesisch stattfindet, verstehe ich nicht viel, aber es ist sehr amüsant zu beobachten. Es geht hier nicht anders zu als bei uns in Deutschland. Manche Kollegen laut und selbstbewusst, manche klein und schüchtern. Nach den Präsentationen formieren sich kleine Grüppchen um die Grillstationen und bemühen sich, das Feuer bzw. die Glut zu entfachen. Ich komme in dieser lockeren Atmosphäre mit allen ins Gespräch und, was mir alle hoch anrechnen: Ich esse überall mit. Sie beobachten mich und freuen sich darüber, wie ich das chinesische Essen ausprobiere. Es gibt Grillspieße in allen Varianten: Mit Gemüse, mit Fleisch, Fisch und mit Spezialitäten, von denen ich nicht weiß, was es ist, und es auch nie erfahren will. In die köstlichen Saucen möchte ich mich am liebsten setzen und Löffel für Löffel ausessen. Essen spielt, wie schon erwähnt, eine unglaublich wichtige Rolle im Leben der Chinesen. Mir kommt es vor, sie essen den ganzen Tag und unheimlich viel, sind aber meist klein und dünn. Der Unterschied ist, es gibt kein Brot, keine Süßigkeiten, keine Wurst und keinen Käse, auch Milchprodukte sind im Allgemeinen nicht üblich. Als Snacks dienen herzhafte Dinge oder Obst. Von meinen Kollegen erfahre ich aber im Laufe der Zeit, dass hier ein Wandel von statten geht. Die Fast-Food-Ketten haben Einzug gehalten was sich im Essverhalten sowie Gewicht der jüngeren Generation deutlich widerspiegelt.

13. September

Es ist schon eigenartig, da steht man als erwachsene Frau mitten in der Stadt vor einem Lokal und traut sich nicht hinein. Warum? Nicht etwa, weil man alleine ist, nein, sondern weil man nicht weiß, was man essen könnte und wie man es bestellt! Ich ertappe mich dabei, vor den Restaurants zu stehen und durch die Fenster zu schauen. Ich hoffe, dass genau in dem Augenblick jemand etwas bestellt, sodass ich sehen kann, wie es funktioniert. Denn überall läuft es irgendwie anders: bei dem einen Laden bekommt man eine Nummer und muss warten, beim anderen Restaurant muss man sich hinsetzen, beim nächsten Restaurant steht ein Hotpot in der Mitte des Tisches und man muss die verschiedenen Zutaten wählen. Es gibt so viele Varianten des chinesischen Essens, es ist unglaublich. Allein in ein Restaurant zu gehen, erscheint mir zu diesem Zeitpunkt meines Aufenthaltes noch unmöglich. Ich kann doch keine fünf verschiedenen Gerichte für mich allein bestellen, denke ich, und, außerdem, welche denn? Wenn ich Glück habe, sind Bilder bei den Speisekarten mit dabei, dann könnte ich nach Bild bestellen. Aber bei den meisten Restaurants ist alles auf chinesisch und ohne Bild. Ich komme mir komisch vor, zum ersten Mal erahne ich, wie sich ein Analphabet fühlen muss. Kurzzeitig denke ich mir, in ein anderes Land zu gehen ist nach wie vor eine tolle Sache, in ein englischsprachiges Land zum Beispiel. Das Land kann komplett fremd sein, aber man versteht dich und man kann sich artikulieren. Aber ein Land, in dem man nichts lesen kann, nichts sprechen kann, das ist heftig. Ich muss schleunigst versuchen die Grundbegriffe zu erlernen. Ein paar Bestellungen im Restaurant, dem Taxifahrer erklären können stopp, rechts, links, geradeaus, oder der netten Schuhverkäuferin auf dem Markt eine Schuhgröße sagen können. Ich komme mir vor wie ein Außerirdischer.

Bald lerne ich eine einfache Lösung kennen: Meine Kollegen schreiben mir die wichtigsten Fragen und Sätze auf chinesisch auf. Ich muss nur meine Zettel vorzeigen, schon klappt es.

Das ändert aber nichts an meinem Vorhaben, weiter chinesisch zu lernen. Ich werde mich nach einem Lehrer umhören, um fortzusetzen, was ich in Deutschland im Intensivkurs begonnen habe.

14. September

Das Wochenende ist vorbei, ich habe es hinter mich gebracht. Ich freue mich auf den Wochenbeginn und die Arbeit, darauf, wieder unter Menschen zu sein, die mit mir reden. Zum einen bin ich angeschlagen und glaube, dass eine Erkältung naht von den Klimaanlagen, dem ständigen Rein und Raus aus Taxis, Geschäften, Shopping Malls, Klimaanlage ein, Klimaanlage aus. Zum anderen sind die Wochenenden bisher schlichtweg sehr einsam. Natürlich versuche ich mich zu beschäftigen, indem ich alle Sehenswürdigkeiten abklappere. Die Welt ist beeindruckend. Farbenfroh ausgeschmückte Tempel, Buddha-Statuen, riesige Tempelanlagen, ein Mausoleum, Parkanlagen, ein riesiger See, es ist unglaublich, wie vielseitig die Stadt ist und was sie alles zu bieten hat. Ich bin tatsächlich Stunden auf Erkundungstour und vergesse mein Heimweh teilweise. Und doch, sobald ich zuhause angekommen bin, merke ich wieder, wie einsam ich hier bin. Während der Entdeckungstouren ist man von allem so in Beschlag genommen, dass es mir kaum auffällt, dass ich allein bin. Doch zuhause wartet niemand, es spricht niemand mit dir, es ruft niemand an. Also warte ich solange, bis die Zeitverschiebung ein Telefonat nach Deutschland zulässt. Dank WeChat kann ich mit meiner ganzen Familie kommunizieren, ich klammere mich an diese Gespräche und genieße sie. Nach kurzer Zeit ist zwar alles wieder vorbei, aber jedes Gespräch stärkt, macht Mut und beruhigt.

Nächsten Monat ist Nationalfeiertag und ich habe eine Woche frei. Das schießt mir jetzt schon durch den Kopf. Ich habe Angst davor, wieder alleine zu sein, und das eine ganze Woche lang. Gott sei Dank plant eine Freundin mich genau während dieses Tage zu besuchen. Wie wäre ich dankbar, wenn sie wirklich käme. Nicht zu früh freuen. Ich bin vorsichtig. Die Kombination aus Erkältung und Einsamkeit in einem fremden Land ist schwierig. Ich fühle mich hilflos, dumm, einfältig und ausgeliefert, da ich die Sprache nicht spreche, nicht lesen kann und mit Händen und Füßen kommunizieren muss.

15. September

Ich habe es geahnt, eine dicke, fette Erkältung, nun ist da. Die Klimaanlagen sind tückisch. Als ich in Nanjing ankam, waren es noch 35°, ich flüchtete sofort in eine kühle Rückzugsmöglichkeit mit Klimaanlage. Auch in der Wohnung schlief ich jede Nacht mit Klimaanlage. Fatale

Folge: Erkältung und Husten. Tja, und was macht man, wenn man kein chinesisch spricht? Ich werde selbstsicherer: Zum einen versuche ich mit Hilfe der App zu übersetzen, zum anderen finde ich in meinem chinesischen Reisebuch den übersetzten Satz: Ich habe Husten. So kann ich in der Apotheke mein Problem zeigen und mir einen Hustensaft kaufen. Was ich nicht bedacht hatte war, dass ich nicht lesen kann, wie man den Hustensaft einnehmen muss. Jetzt steht er vor mir und ich überlege mir, wie ich es am besten machen könnte. Da ich nicht weiß, ob er rein pflanzlich oder ein chemisches Heilmittel ist, bin ich vorsichtig. Ich fotografiere das Etikett ab und überlege, das Bild einer Kollegin oder meiner chinesischen Freundin zuhause zu schicken, mit der Bitte um Übersetzung. Da ich meine Kollegin noch nicht so gut kenne, entscheide ich mich für meine Freundin, schicke ihr die Bilder und warte nun auf Antwort. Diese kommt dankenswerterweise prompt zurück und ich kann den Kampf gegen meine lästige Erkältung aufnehmen. Ist das nicht alles grotesk? Eine erwachsene Frau, die Bilder verschickt, um zu erfahren, wie man Hustensaft nimmt? Dann muss ich ja schon wieder lachen, obwohl es mir wirklich schlecht geht …

Aber natürlich bringen mich solche Situationen auch zum Nachdenken. Wie viele andere Menschen sind in ähnlicher Situation ohne den Komfort der schnellen Hilfe?

16. September

So, ab heute kommen wieder positive Worte! Die Erkältung nimmt langsam ab, der Husten wird besser und ich fühle mich schon etwas mehr nach „wieder aus der Wohnung raus gehen und andere Dinge erleben“. Ich habe festgestellt, dass „krank sein“ in einer anderen Welt und ohne Sprache ziemlich bescheuert ist. Aber wie gesagt, jetzt sieht die Welt wieder etwas positiver aus. Ich hoffe, bis zum nächsten Wochenende wieder fit zu sein, denn ich plane andere Städte zu bereisen: nach Shanghai und Peking mit dem Zug fahren oder vielleicht nach Hongkong zu fliegen. Ich freue mich, mein Tatendrang kehrt wieder zurück, Gott sei Dank das braucht man hier!

17. September

Also sowas, jetzt ist aber wirklich der Wurm drin. Ich hatte heute Nacht so starke Zahnschmerzen, dass ich nicht schlafen konnte. Ich habe nicht das Gefühl, dass es exakt ein Zahn ist. Irgendwie komisch, oder evtl. wieder die Psyche? Also wundern würde mich gar nichts, es ist echt ein Auf und Ab von allem. Irgendwie bin ich in meinem Innersten stolz, froh und glücklich, dass ich das

Ganze hier mache, auf der anderen Seite hätte ich so gerne meine liebe Familie etwas erreichbarer in der Nähe. Sie ist schon recht weit weg und mit der Zeitverschiebung auch nicht so schnell mal greifbar.

Aber ich bleibe positiv, will positiv bleiben, es geht voran, ich knüpfe die ersten Kontakte. So hatte ich über eine Kollegin von der European Chamber of Commerce und von Am Cham erfahren. Beides sind Zusammenschlüsse für Expats, die die verschiedensten Veranstaltungen organisieren und Menschen zusammenbringen. Ich habe mich bei beiden angemeldet, bin im Mailverteiler und erhalte viele Veranstaltungsvorschläge. Diese zu erhalten und den Mut gehabt zu haben, sich dafür anzumelden, sind allerdings zwei sehr unterschiedliche Dinge. Es kostete Überwindung, doch überwiegt meine Freude darauf, neue Menschen kennenzulernen. Ich melde mich beim European Chamber of Commerce für eine Fahrradtour an. Ich freue mich darauf, mit dem Fahrrad durch Nanjing zu fahren und die Wälder zu erkunden, das klingt gut. Fahrrad und Helm bekomme ich gestellt, auch ein gemeinsamer Snack ist vorgesehen.

Ein weiterer Fortschritt in Sachen Unabhängigkeit: Ich taste mich an das U-Bahn-System heran und möchte so endlich unabhängig von Taxis in die Stadt fahren. Ein junger deutscher Praktikant von Baden-Württemberg International will mir das System erklären. Ihn habe ich kennengelernt, da sein Büro neben unseren Büros liegt und die Kantine für beide Unternehmen zur Verfügung steht. Er ist momentan mit mir der einzige Europäer vor Ort, man kann sich schlicht nicht übersehen, ein Kennenlernen ergibt sich wie von selbst. Ehrlich gesagt, tut es auch gut, ab und an schwäbischen Zungenschlag zu hören.

Für Samstag habe ich mir jedenfalls vorgenommen, mit dem Zug nach Shanghai zu fahren. Also es tut sich was bzw. ich muss wirklich selbst aktiv sein, zufliegen wird mir nichts. Ach, ja und noch ein „action point“: Für nächsten Freitag haben mich die Kollegen gefragt, ob ich zu einer Veranstaltung mitgehen möchte. Ich habe zwar nicht ganz verstanden, was es genau ist, aber na klar, selbstverständlich mache ich alles mit. Muss sein, soll sein, will sein.

18. September

Meine Kollegin hatte mich schon letzte Woche angesprochen, ob ich nicht Lust hätte, mit ihr und den Kollegen zum Frühstück in die Kantine zu kommen. Ja, hier wird auch chinesisches Frühstück morgens ab 7:30 Uhr angeboten. Normalerweise trinke ich morgens nur meinen Nescafé, das reicht mir vollkommen. Doch heute erhielt ich gleich am Morgen eine WeChat-Meldung der Kollegin, es gäbe eine Frühstücksspezialität und ich möge doch wirklich zum Frühstück mitkommen. Ich freue mich, dass sie an mich denken, packe meine sieben Sachen zusammen und laufe los. Ich weiß gar nicht mehr, was ich von dem Frühstück erwartet hatte, ein klassisches Frühstück wie bei uns mit Brot, Butter, Marmelade, Wurst, Käse, Müsli, Obst? Nein, eigentlich nicht, natürlich nicht, denn ich bin ja mitten in China, in einer chinesischen Kantine. Doch was ich bestimmt nicht erwartet hatte, zumal in einer Kantine, war das breite Spektrum an warmen Speisen, das zum Frühstück angeboten wurde. Warme Reissuppe, gefüllte und gedünstete Teigtaschen, frittierte Teigstangen, Fleisch in allen Varianten und Nudeln. Doch den Höhepunkt stellt an diesem Tag die Frühstücksspezialität dar: gestockte Entenblutsuppe. Erwartungsvoll strahlen mich meine Kollegen an. Ich lächle tapfer und löffle also die Entenblutsuppe zum Frühstück. Ja, nun! Ich muss ehrlich sagen, sie schmeckt gar nicht schlecht. Wenn ich nicht gewusst hätte, was es ist, hätte ich es für eine Brühe mit Gemüseeinlage gehalten. Ok, alle Zutaten waren nicht definierbar, aber das Entenblut hätte ich nicht rausgeschmeckt. Meine Kollegen sind freudig aufgeregt und beobachten jeden Löffel, den ich esse, am Schluss gibt es noch freudigen Applaus und wir gehen alle gemeinsam ins Büro. Was für ein lustiger Start in den Tag. Sicher auch ein gutes Omen für das anstehende Wochenende und die kommenden Monate.

Aber nur so, im miteinander Arbeiten und Leben und Sein, sammele ich eben all die Erfahrungen, die zum wahren chinesischen Leben dazugehören. Die man nur mitbekommt, wenn man wirklich dort lebt. Über jeden, der mir erzählt, „ich kenne China, ich war schon eine Woche im Urlaub dort", kann ich nur milde lächeln.

Ja, und so probiere ich mich durch die Essensvielfalt der Chinesen, langsam werde ich auch selbstsicherer. Beim Bestellen mache ich mich durch Zeichen bemerkbar. Ich werde durchweg freundlich behandelt, denn die Chinesen merken, dass ich mich bemühe, mich verständlich zu machen.

Natürlich passieren auch die kleinen Missgeschicke, über die ich im Nachhinein herzlich schmunzeln muss. Der amerikanische Starbucks-Coffeeshop ist nicht weit weg von meiner Arbeitsstelle. Nach dem Mittagessen trinke ich immer noch gerne eine Tasse Kaffee. Meistens habe ich noch ein wenig Zeit, da die Kollegen ja nach dem Essen in der Regel noch eine halbe Stunde schlafen. Also gehe ich zum Coffeeshop und bestelle mir einen herrlich starken, schwarzen American Coffee. Fast immer klappt es problemlos, da junge Studenten an der Kasse stehen, die gut Englisch sprechen. Doch manchmal gibt es auch Personal, das überhaupt kein Englisch spricht und leider auch nicht versteht. Also bestelle ich wieder meinen schwarzen American Coffee und freue mich darauf. Die nette Chinesin hat aber American Caramel Toffee verstanden und entsprechend weitergegeben. Ich nehme einen kräftigen Schluck … und die Welt wird einfach nur süüüüüß ... ich lache und beschließe einmal mehr, mich noch intensiver um meine Basis-Chinesischkenntnisse zu kümmern.

5. Plötzlich ist es mein Leben

19. September

Es ist schon lustig, wie offenbar ein paar Tage alles verändern können und sich das Leben fließend und kaum merklich wandelt. Ich kann mich an kein auslösendes Moment erinnern, aber plötzlich ist man drin und gehört dazu. Ich lerne Leute kennen, habe soziale Kontakte, erweitere mein Wissen und habe einen geregelten Tagesablauf. Stück für Stück gewinnt mein Leben Normalität zurück. Ganz unabhängig davon, ob man im Herzen Heimweh hat, man fühlt sich nicht mehr so ganz verlassen.

Dass ich wenig über meine geliebten Kinder, Mann und Familie schreibe, soll nicht verwundern, es hat seinen guten Grund: Ich versuche die Sehnsucht zu verdrängen, das fällt mir dann leichter. Würde ich über jede Minute schreiben, die ich sie vermisse, wäre das Buch doppelt so dick. Vielleicht würde es auch das falsche Signal senden. Natürlich ist die Sehnsucht groß, doch weiß ich, dass ich zurückkommen werde. Und all das, was ich erleben darf, wiegt für mich sehr, sehr viel auf.

Wir haben dank WeChat einen regen Austausch, Bilder, Sprachmemos und Videoanrufe, das ist so schön.

Es sind viele Zufälle, die eine Rolle spielen und mein Leben steuern. Es ist aber auch die Offenheit, auf Menschen zuzugehen und Situationen anzunehmen.

So geschehen, als ich den jungen Praktikanten/Studenten Leon von BWI zufällig, außerhalb der Arbeit, wieder getroffen habe. Ich hatte meinen Chef anlässlich seines Geburtstages zu einem Kaffee ins Starbucks eingeladen. Auf dem Weg laufen wir durch eine Hotellobby in der Nähe des Cafés und sehen Leon dort sitzen. Er liest ein Buch und wirkt etwas verloren. Wir gehen auf ihn zu und er freut sich, uns zu treffen. Wie wir erfahren, ist auch er in seiner kleinen Wohnung oft einsam und setzt sich infolgedessen gerne unter Menschen. Ich kann das so gut verstehen und muss lachen. Wir unterhalten uns und tauschen unseren WeChat-Kontakt aus. Damit ist der Grundstein für einen herrlich, lustigen WeChat-Austausch mit der Jugend gelegt. Er könnte vom Alter her mein Sohn sein. Es ist aber komplett egal, wie alt oder jung der Gesprächspartner ist, man braucht die Ansprache, den Austausch. In der eigenen Muttersprache erschient es noch wunderbarer, eine gemeinsame Heimat verbindet nochmal anders. Wir verabreden uns gleich für die nächsten Tage. Gehen zusammen zu den kleinsten exotischen chinesischen Restaurants, aber auch zu einem spanischen Tapas-Laden, um wieder ein wenig westliches Essen zu kosten. Zu zweit ist es tatsächlich einfacher und amüsanter. Leon erklärt mir unter anderem, wie die chinesische Fahrrad-App funktioniert. Mit ihr kann ich mir eines der verfügbaren Fahrräder mieten, die überall auf den Gehwegen stehen. Im Austausch zeige ich ihm neue Stadtgebiete, die er noch nicht kannte. Wir verstehen uns bestens und es wird bis zu seiner Abreise kaum ein Tag vergehen, an dem wir nicht Kontakt haben. Die Verbindung besteht übrigens bis heute. Er hat sich von mir auf meine Tochter übertragen, da beide zufälligerweise in der gleichen Stadt studieren.

Obwohl ich nun schon einige Menschen kenne, muss ich mich täglich neu überwinden, Dinge zu unternehmen, um nicht zuhause auf der Couch zu sitzen. Auch auf Kollegen zuzugehen, zu reden und zuzuhören ist ein klares Muss. Die Sprache darf keine Barriere sein, weder meines noch das Englisch der Kollegen ist perfekt. Vielleicht baut genau diese Erkenntnis alle Hemmschwellen ab. Ich rede einfach darauf los. Doch es zahlt sich aus. Durch Kommunikation ergeben sich Begebenheiten, die man nie für möglich gehalten hätte. Die Kollegen der Finanzabteilung, mit ihnen habe ich eigentlich nicht viel zu tun, laden mich zu ihrem annual evening ein. In einem hervorragenden japanischen Restaurant sitzen wir Seite an Seite. Alle Kollegen haben das größte Vergnügen, mir dabei zuzusehen, wie ich mich mit den Stäbchen behaupte und wie mir das Essen schmeckt. Ich genieße jede Minute dieses Zusammenseins, alle sind herzlichst ungezwungen und ausgelassen. Mit einer Kollegin komme ich näher ins Gespräch. Das Ergebnis des Abends ist, dass sie mit mir einen typischen Mädels-Shoppingtag machen möchte. Außerdem lädt sie mich zu sich nach Hause ein, um ihren Sohn und Mann kennenzulernen. Dies hat in China einen hohen Stellenwert, ich bin mir dessen bewusst und freue mich sehr. Es ist ein wirklich gelungener und erfolgreicher Abend insbesondere unter dem Aspekt des neuen Kontaktens.

20. September

Mein erstes Zug-Ausflugswochenende steht bevor. Ich will mit dem Schnellzug nach Shanghai fahren, die Reise dauert ca. 50 Minuten, ist also bestens für einen Tagesausflug geeignet. Was für uns in Deutschland sehr einfach und schnell organisiert ist, stellt mich in China natürliche erst einmal vor größere Herausforderungen. Ich verstehe jetzt die fragenden Blicke vieler Menschen am Bahnhof oder im Nahverkehr vor den Automaten bei uns. Von wegen „alles ganz einfach und selbsterklärend".

Meine Kollegin unterstützt mich bei den Vorbereitungen. Zuerst heißt es, ctrip.com herunterzuladen, da die Buchungen am einfachsten darüber laufen. Sich anzumelden geht einigermaßen einfach, da die Erklärungen in Englisch sind. Es gibt eine unglaubliche Auswahl an Zügen von Nanjing nach Shanghai. Insbesondere die Schnellzüge werden häufig angeboten, sind aber auch sehr schnell ausgebucht. Hier gilt es auch zu verstehen, welche verschiedenen Züge fahren, wie lange der Zug fährt und an welchem Bahnhof diese abfahren bzw. ankommen. Mit der Buchung über ctrip.com ist es aber noch nicht getan. Gott sei Dank hat mir meine Kollegin erklärt, wie es dann am Bahnhof selbst weitergeht. Mit dem Ausdruck der Reservierungsnummer muss ich mich zuerst an einen Schalter anstehen, wo ich dann unter Vorlage des Passes und der Buchungsnummer das eigentliche Ticket bekomme. Erst mit diesem Ticket kann ich in den Bahnhof hinein. Im Bahnhof an sich durchlaufe ich einen Security Check, sowohl Körper als auch Gepäck. Dann muss ich mir mein Gleis suchen. Vor diesem gibt es einen riesigen Wartesaal, in dem ich auf den Aufruf des Zuges warten muss. Sobald der Zug aufgerufen wird, stürmen alle Chinesen zur Schranke, wo nochmals das Ticket kontrolliert wird, um dann zum Gleis zu gelangen. Ich habe alle Schritte verinnerlicht und bin guter Dinge, als ich von meinem Apartment aus losfahren möchte. Ich plane meine Abfahrt mit 30 Minuten Puffer ein. Doch schon an meinem Concierge Desk beginnt es aufregend. Ich bestelle mein Taxi für eine Fahrt zum Bahnhof. Als die zwei Rezeptionistinnen anfangen zu diskutieren, werde ich stutzig. Was kann bei einer Fahrt mit dem Taxi zum Bahnhof so kompliziert sein? Mit Händen und Füßen versuchen die beiden mir zu erklären, dass es mehrere Bahnhöfe in Nanjing gibt und sie nicht wüssten, zu welchem ich denn wolle. Ehrlich gesagt, weiß ich das auch nicht und beginne hektisch nach meinem Bahnticket zu suchen. Als ich es endlich finde und herzeige, wartet das Taxi schon. Der Taxifahrer schaut etwas mürrisch, ob der Tatsache, dass wir noch nicht wissen, wohin ich genau möchte. Nach weiteren lautstarken Diskussionen, inzwischen diskutieren vier Personen mit, einigen sich alle auf einen Bahnhof zu dem ich, offenbar, möchte. Freudestrahlend erklärt man mir, wohin ich fahren muss, eine Dame geht mit mir zum Taxifahrer und nennt ihm auch mein Ziel. Ich steige ein und hoffe, dass es tatsächlich der richtige Bahnhof ist. Als mich das Taxi an der genannten Adresse absetzt, habe ich keine Ahnung, ob ich richtig bin, denn weder kann ich den

Bahnhofsnamen lesen noch jemanden fragen. Also stelle ich mich, so wie von meiner Kollegin beschrieben, in einem anderen Gebäude, in dem es die Tickets gibt, in einer langen Schlange an. Es gibt eine Vielzahl von verschiedenen Schaltern und da alles auf Chinesisch beschrieben ist, wähle ich einen auf gut Glück. Mit der durchaus berechtigten Befürchtung, am Schalter abgewiesen und zu einer anderen Schlange geschickt zu werden, warte ich über eine Stunde. Mein Puffer schmilzt dahin, zuerst die Diskussion um den richtigen Bahnhof, jetzt die Schlange am Schalter. Sollte mich der Fahrkartenverkäufer wieder wegschicken und ich mich nochmal anstellen müssen, dann schaffe ich es sicherlich nicht mehr rechtzeitig zum Zug. In Gedanken überlege ich mir alle anderen Varianten, Notlösungen. Aber in so einer Situation heißt es einfach ruhig bleiben, denn was kann denn passieren? Nichts, der geplante Ausflug kann platzen, das ist auch schon alles. Doch ich habe Glück, ich bin offensichtlich am richtigen Schalter. Ich muss meinen Pass herzeigen, alle Daten werden verglichen und keine Minute später halte ich mein Ticket in den Händen. Yes! Jetzt aber schnell ab zum Bahnhofsgebäude. Dort angekommen wartet die nächste Schlange auf mich. Gepäck- und Körperkontrolle sind angesagt. Auch hier muss ich wieder zuerst meinen Pass und mein

Ticket zeigen, beides wird verglichen, es ist alles in Ordnung. Ich gehe durch die Kontrollschleuse, lasse meine kleine Tasche durchsuchen und bin endlich im Bahnhof. Ich habe mir genau aufgeschrieben, was mir meine Kollegin erklärt hat. Nun muss ich nach dem richtigen Bahnsteig und Gleisabschnitt zum Zusteigen suchen. Ich fahre eine Rolltreppe nach oben und bin überwältigt von der Größe des Bahnhofs. Insgesamt 32 Gleise mit jeweils riesigen Wartehallen eröffnen sich vor mir. Auf großen Übersichtstafeln blinkt es in allen Farben und es werden permanent über Lautsprecher Züge und Zugnummern aufgerufen. Wie immer verstehe ich nichts und versuche mich an den blinkenden Lichtern zu orientieren: grün, gelb rot. Kann ja eigentlich nur wie ein Ampelsystem zu deuten sein. Für den richtigen Zug vergleiche ich die Nummern auf meinem Ticket mit denen auf der Übersichtstafel. Ich atme erleichtert auf, als ich die Nummer und das entsprechende Gleis finde. Das Licht daneben leuchtet rot, ich glaube, das ist ein gutes Zeichen, der Zug ist noch nicht da, ich bin also nicht zu spät. Puh. Nur das mit dem richtigen Gleisabschnitt vergesse ich leider und gerate wieder einmal kurzzeitig in Hektik, als das Licht auf grün springt, tausend Chinesen gleichzeitig aufspringen und sich, mal wieder, in eine Schlange stellen. Ich springe automatisch mit auf, stelle mich auch in die Schlange und vergesse dabei vor Aufregung, auf meinen richtigen Gleisabschnitt zu achten. Ich sehe, dass ich falsch bin. Ich blicke mich ratlos um. Dabei entdecke ich noch eine andere Europäerin mit zwei Teenagern, die gleich rechts versetzt vor mir steht. Ich spreche sie über alle Köpfe hinweg an und frage, ob das der Zug nach Shanghai sei und sie wisse, wo ich hinmüsse. Mit einem Blick erkennt sie die Lage, schiebt mich ein wenig weiter und – kaum zu glauben – ich stehe in der richtigen Schlange. Wir kommen sofort ins Gespräch und verstehen uns in den wenigen Minuten, die uns bleiben, blendend. Wie sich herausstellt, ist sie die Frau des Bürochefs, der direkt neben meiner Arbeitsstelle arbeitet. Was für ein lustiger Zufall. Sie lebt schon seit 24 Jahren in China und fährt heute mit ihrem Sohn und dessen Freund zu einem Festival nach Shanghai. Als sie mich fragt, was ich in Shanghai mache und ich ihr von meinem ersten Wochenendtrip nach Shanghai erzähle, antwortet sie: „Oh, Sie sind sehr mutig, ich kenne andere Europäer, die seit Jahren hier sind und die kein einziges Mal allein mit dem Zug nach Shanghai zu fahren gewagt haben.“ Ich fasse es als kleines Kompliment auf, freue mich darüber und bin richtig stolz, mit dem Zug in China, ohne Sprachkenntnisse und ohne Reiseleitung, nach Shanghai zu fahren. Schade nur, dass sie in einem anderen Zugabteil reserviert hat und wir so nicht allzu viel Zeit zum Reden haben. Ich stecke ihr noch schnell meine Visitenkarte zu und hoffe, dass sie sich gelegentlich melden wird. Aber genau so entstehen die Kontakte! Und diese Begegnung wird eine Freundschaft werden, die bis heute hält. Doch dazu mehr im Laufe des Buches. Die Zugfahrt nach Shanghai geht schnell, was bei einem Schnellzug ja kein Wunder ist. Ehrlich gesagt, wusste ich gar nicht, dass ich einen Schnellzug gebucht hatte. Ich habe mich bei der Buchung nur an den Uhrzeiten orientiert, die Unterschiede der Züge konnte ich bei der Buchung nicht lesen. Es ist lustig, wie geschäftig die chinesische Zugbesatzung ist. Eine offiziell wirkende Zugbegleiterin kommt und kehrt den Boden, die nächste bietet Getränke an und die Dritte im Bunde verkauft kleine chinesische Snacks wie Entenflügel oder getrockneten Fisch. Dann kommt der Schaffner, der ganz wichtig alle Menschen anschaut, dann kommt Militär, das die Tickets kontrolliert, es ist immer etwas los. Als ich in Shanghai ankomme, denke ich, die Welt gehört mir, was für ein fantastisches Gefühl. Ich bin voller Tatendrang und laufe los, will vom Bahnhof zum berühmten The Bund, der Uferpromenade, gehen. Meine App funktioniert noch nicht, doch ich habe in weiser

Voraussicht einen Stadtplan aus dem Reiseführer abfotografiert. Also weiß ich so ungefähr den Weg, na ja, die grobe Richtung. Nach einer Stunde Laufen, überzeuge ich mich selbst, doch ein Taxi zu nehmen. Eine gute Entscheidung, einmal mehr merke ich, dass ich in einer Millionenstadt bin und die Entfernungen weiter als gedacht oder geschätzt sind. Die Stadt ist faszinierend, einerseits die moderne Welt mit den unglaublichen Wolkenkratzern und High-Tech-Gebäuden mit ihren blinkenden und leuchtenden Aufschriften, auf der anderen Seite das traditionelle chinesische Leben, mit Tempeln, historischen Gebäuden und Märkten. Gott sei gibt es inzwischen auch hier den Denkmalschutz, der sich für den Erhalt des traditionellen Chinas einsetzt. So erlebt man, je tiefer man in die alte Innenstadt geht, auch noch das klassische China. Die Stadt gefällt mir unheimlich gut, ein Glück, dass sie nur 40 Minuten von Nanjing weg ist. Ich werde auf jeden Fall an einem anderen Wochenende wiederkommen. Ich habe ein Hotel gebucht, das fußläufig von den wichtigsten Sehenswürdigkeiten entfernt ist und einen traumhaften Blick über die Skyline vom The Bund bietet.

21. September

Ich bin erschöpft vom vielen Laufen. Die Stadt zu entdecken hat solch eine Freude bereitet, es ist unbeschreiblich. Was mir auch gutgetan hat, ist die Tatsache, dass hier nahezu alle Chinesen Englisch sprechen. Shanghai ist im Vergleich zu Nanjing eine sehr internationale Stadt, nicht nur touristisch, sondern auch wirtschaftlich gesehen.

Doch der Wermutstropfen bleibt nicht aus. Kaputt und allein sitze ich mit hochgelegten Füßen im Hotelzimmer und mache eine ziemlich wichtige Feststellung: Wenn man Freude nicht teilen kann, ist sie wirklich nur halb so groß. Es macht einfach nicht so viel Spaß, wenn niemand da ist, um über alles zu plaudern. Mir fehlen mein Mann und meine Kinder, mit denen ich die Erlebnisse am Abend noch einmal Revue passieren lassen könnte. Es fühlt sich falsch an, das alles alleine zu erleben, und es macht mich einsam. Einsamkeit ist tatsächlich etwas, was ich hier lernen muss. In Deutschland habe ich immer unterschieden zwischen allein sein und einsam sein. Ich war unheimlich gerne allein und mochte es, einfach einmal für mich tun und lassen zu können, was ich möchte. Einsam war ich nie. Hier fühle ich mich plötzlich einsam.

Trotzdem weiß ich, dass es zum Glück nur vorübergehend sein wird, und empfinde dies als tröstend. Wie gut es mir geht! Schließlich war es meine eigene Entscheidung, auch wenn ich nicht geahnt habe, welche Gefühle diese Zeit in China ohne meine Familie hervorrufen würde.

22. September

Es scheint nun, als vergingen die Tage sehr schnell. Tja, der ganz normale Arbeitsalltag stellt sich ein. Aber der Alltag tut mir gut: morgens um 09:00 Uhr in die Arbeit, von 12:00 bis 13:00 Uhr Mittagessen in der Kantine mit einem Abstecher zum Starbucks Coffeeshop und am Nachmittag bis 17:30 Uhr arbeiten. Danach nach Hause laufen und vorher eventuell noch im Supermarkt einkaufen. Wie selbstverständlich plötzlich alles geworden ist, wie ich mich in den chinesischen Supermärkten zurechtfinde, ich weiß, wo was liegt und frage mich mit mehr Selbstbewusstsein und Händen und Füßen einfach durch. Die Kollegen sind nach wie vor sehr, sehr nett und ich hoffe demnächst noch ein bisschen mehr mit ihnen auch mal am Abend unternehmen zu können. Ich möchte gerne eine Kneipe, ein nettes Restaurant oder Ähnliches kennenlernen. Das ist natürlich schon wieder so eine ungewohnte Sache für mich, alleine am Abend wegzugehen. Das mache ich auch zu Hause nicht. Wie soll das dann in einer fremden Stadt gehen? Natürlich könnte ich einfach in irgendeine Kneipe oder Bar gehen und mir denken: „Pfeif drauf, kennt mich eh keiner“, aber ich würde es komisch finden. Ganz unabhängig davon, dass ich momentan gar nicht weiß, wohin ich sollte!

23. September

Seit Neuestem lerne ich Chinesisch. Meine Kollegin hat mir eine Sprachschule empfohlen. Zweimal die Woche kommt nun die Lehrerin Penny zu mir in die Arbeit. Während meiner Mittagspause lernen wir zusammen Chinesisch. Ich lerne nur sprechen, in der Kürze der Zeit auch noch die Zeichen zu erlernen, scheint mir nicht möglich. Am Anfang geht es mir genauso wie am ersten Tag im Büro, als ich alle Kollegen sah und mir dachte, alle sähen exakt gleich aus. So ergeht es mir mit den verschiedenen Lauten, die es in der chinesischen Sprache gibt. Für mich klingen zunächst alle s-, j- oder tschi-Laute gleich, ich höre keinen Unterschied. Doch auch das wird sich im Laufe der Wochen ändern. Genauso, wie ich nach nur ein paar Tagen gesehen habe, dass natürlich jeder meiner Kollegen anders aussieht, höre ich auch nach kurzer Zeit, dass jeder Laut anders ist.

Heute muss ich beim Einkaufen auf dem Nachhauseweg an meine Worte denken, die ich meinen

Kindern beim Sprachenlernen bzw. beim Sprechen im Ausland eingebläut hatte: Ihr müsst euch nur trauen, redet einfach darauf los, habt keine Hemmungen! Heute tue ich es auch! Ich kann zwar noch nicht viele chinesische Worte, aber ich versuche einfach ein paar Worte zusammenzufassen. Ich gehe im Supermarkt zum Verkäufer und frage, ob er Mango hat. Und kaum zu glauben, aber wahr, es ist ein absolutes Erfolgserlebnis: Der Verkäufer hat mich verstanden.

Dummerweise stehe ich, als ich ihn frage, direkt vor den Mangos, was mir aber erst bewusst wird, als er mit dem Finger direkt vor mich zeigt. Da müssen wir beide herzhaft lachen. Ich gestehe aber auch, dass ich nur nach der Mango gefragt habe, weil es die einzige Obstsorte ist, die ich bis dahin gelernt hatte … Ich bin unglaublich stolz darauf, endlich meinen ersten Satz im echten Leben – nicht nur zur Lehrerin – gesagt zu haben, und habe insgeheim gehofft, der Verkäufer schicke mich durch den ganzen Laden nach rechts, links und geradeaus. Denn rechts, links und geradeaus hatte ich gerade in der Stunde vorher gelernt. Dann frage ich noch, was eine Packung Kekse kostet, und der nette Verkäufer versteht es sogar. Dass ich dann nicht kapiere, welche Summe er sagte, war klar, aber es macht nichts aus, denn die Freude über meine Frage überwiegt!

Ich mache in der nächsten Zeit weitere Fortschritte: Ich bestelle zum ersten Mal in einem Restaurant nicht mit Fingern, sondern mit zwei Worten, nein, es waren sogar drei Worte: „Ich bestelle das …“. Ok, bei „das“ zeige ich auf etwas, aber „ich bestelle was“ auf Chinesisch zu sagen, das ist doch gar nicht schlecht, oder? Außerdem habe ich zufälligerweise gelernt, was „Ich nehme die Treppe“ heißt und jedes Mal, wenn ich jetzt mit meinen Kollegen mittags in die Kantine gehe und alle den Aufzug nehmen, erkläre ich stolz: „woa pa loati“ – Ich nehme die Treppe. Nachdem man auch tun muss, was man sagt, nehme ich jetzt jedes Mal die Treppe, rauf und runter. Meine Kollegen eifern mir nach und laufen jetzt auch Treppe. Das ist für sie ein absolutes Novum, kichernd folgen sie mir. Sie bevorzugen den Aufzug, obwohl unser Büro nur im zweiten Stock liegt. Ich habe den Eindruck, Bewegung gehört nicht zu den liebsten Freizeitbeschäftigungen der Chinesen. Da steht das Essen schon wesentlich weiter vorn auf der Beliebtheitsskala.

Heute bestellen meine Kollegen in der Arbeit Essen to go. Das ist in China, egal, ob Groß- oder Kleinstadt, total normal und üblich. Egal, was, wann, wo, es wird alles bestellt und geliefert. Ich wünsche mir Pekingente, hier kostet sie umgerechnet zwei Euro, ist eine Riesenportion und die beste Pekingente meines Lebens. Alle müssen lachen, denn für sie ist die Pekingente so etwas wie für uns die Rote vom Grill oder Currywurst. Man ist sie immer wieder mal zwischendrin, aber eine Besonderheit ist sie bestimmt nicht. Es entspannt sich eine lebhafte Diskussion über chinesisches Essen. Und ich stelle fest, dass die chinesische Küche, die wir in Deutschland kennen, sehr einseitig ist. Meist bestellen wir zu viert, so wie in Deutschland üblich, exakt vier Gerichte. Einmal süßsaures Schweinefleisch, Rind, Fisch und Gemüse. Das war‘s. Ungläubig hören meine Kollegen zu. Es ist undenkbar, nicht eine große Auswahl an verschiedenen Gerichten zu bestellen, die dann geteilt werden. Ich nehme alle Informationen in mir auf und beschließe für mich, nach meiner Rückkehr, beim chinesischen Essen künftig einen anderen Fokus zu setzen.

24. September

Mir geht es gut, ich erkunde nach und nach die Stadt und das Umfeld. Die Tatsache, dass alles auch am Wochenende und an den Werktagen bis nachts um 22.00/23.00 Uhr geöffnet ist, bietet ungeahnte Möglichkeiten. Ich kann noch nach der Arbeit durch die Shopping Malls bummeln oder Museen besuchen. Mit der U-Bahn fahren ist normal geworden, macht Spaß und ist total easy.

Es ist gut beschildert, auch auf Englisch, und die Durchsagen bzw. die Haltestellen kann ich auch auf Chinesisch verstehen. Dass man an jeder Station durch Sicherheitsschleusen gehen muss und die Tasche kontrolliert wird, ist gewöhnungsbedürftig, aber nach einiger Zeit normal.

Ich denke an den Wochenenden und Abenden viel über Freundschaft nach. Es ist interessant, wer sich meldet und den Kontakt hält oder sogar plant, mich zu besuchen. Ich freue mich über alles. Meine chinesische Freundin aus der Heimat besucht während der Golden Week, eine Woche Ferien in China, ihre Familie in Juji. Die Stadt ist ungefähr eine Fahrstunde mit dem Zug von mir entfernt. Sie richtet alles so ein, dass sie mir zwei Tage eine besonders schöne Stadt nahe ihrer Heimat zeigen kann, und lädt mich dann auch noch zu sich nach Hause ein. Wie unglaublich nett ist das denn? Dann hat meine liebe Freundin aus München auch schon einen Flug gebucht. Sie kommt tatsächlich nur übers Wochenende: Freitag landet sie und fliegt am Dienstag wieder zurück. Ich freu mich unglaublich und ich bin schon dabei, Pläne zu schmieden und das Wochenende zu organisieren. Und noch eine andere Freundin, von der ich nie gedacht hätte, dass sie darüber nachdenkt, will mich besuchen.

Ich freue mich unglaublich auf alle und über alle netten Worte. Und stelle fest: Vorfreude ist tatsächlich eine der schönsten Freuden. Aber interessant auch, dass viele Stimmen, die im Voraus ganz laut riefen, „natürlich besuchen wir dich!“, plötzlich wenig zu hören sind.

25. September

Heute unterhalte ich mich mit meinen Kollegen über das Thema Rente. Ich falle fast vom Stuhl, als ich erfahre, dass die Frauen hier mit Anfang 50 in Rente gehen … Was müssen meine Kollegen über mich gedacht haben, als ich angekommen bin? Was will denn diese alte Tante hier!! Ich bin 51, also für die Leute hier kurz vor dem Rentenalter! Oh mein Gott, wie komisch! Also, ehrlich gesagt, bin ich einen kurzen Moment äußerst erstaunt, dass diese lieben netten jungen Kollegen mich überhaupt ernst nehmen. Aber ich erinnere mich, in einem meiner schlauen Chinabücher steht etwas von „großem Respekt vor dem Alter“, na also …

Ich erinnere mich in der Diskussion an ein Ehepaar, mit dem wir vor einigen Jahren recht eng befreundet waren. Mein Mann und ich waren gerade Anfang 30, das Ehepaar rund 20 Jahre älter. Wir empfanden sie als sehr jung geblieben. Erst als die Frau dann 60 Jahre alt wurde, dachten wir uns, jetzt wird das Ehepaar alt. Als dann auch noch deren Enkelkinder zur Welt kamen, war es plötzlich eine andere Generation und man verlor sich aus den Augen. Interessant, dass mir genau jetzt dieser Vergleich einfällt. Aber vielleicht empfinde ich es jetzt genauso, beziehungsweise weiß die Situation aus der anderen Warte einzuschätzen. Ich kann mir vorstellen, dass mich die Kollegen als jung geblieben empfinden. Allerdings hätte ich hier in China nur noch vier Jahre zu arbeiten, dann würde ich auf das Abstellgleis gestellt werden. Bzw. würde die Erziehung der Enkelkinder übernehmen, was hier normal ist. Ich gestehe, dass ich mir in diesem Augenblick das System in Deutschland lobe: Da habe ich noch eine gute Zeit, um jung geblieben zu sein und zu arbeiten. Mit 65 werde ich dann noch einmal darüber nachdenken …

6. Wenn es sein muss, geht vieles …

26. September

Also, ich glaube, heute habe ich den Sprung in die absolute Selbstständigkeit geschafft. Ich habe mir selbst die Fahrrad-App installiert und miete danach ein Fahrrad, das ich durch einen QR-Code auslösen muss. Ich fahre zwei Stunden am Yangtze-Fluss entlang und freue mich wie eine Schneekönigin.

Da heute nationaler Feiertag ist, sind viele Familien mit Kindern unterwegs, die im Freien Picknick machen und fröhlich sind, ein klein wenig Anlass, wieder Familienweh zu bekommen ...

Aber ich bin weiter mutig, fahre noch in die Stadt mit der U-Bahn und entdecke das Ausgehviertel. Anstatt wieder nach Hause ins Apartment zu fahren und dort alleine fernzusehen oder Trübsal zu blasen, bestelle ich mir ein Bier, sitze im Freien an einem Tisch und beobachte die Menschen. Ich bin stolz auf mich und finde mich gut!

18. September

Was ich wirklich erwähnen muss ist, dass ich hier ein technisches Verständnis entwickelt habe, beziehungsweise entwickeln musste, auf das ich total stolz bin. Alle Installationen, Umstellungen etc. mit iPhone, WeChat, WhatsApp, chinesische

SIM-Karte etc. muss ich alles selber bewerkstelligen. Das macht mich richtig selbstbewusst. Es ist ein riesengroßer Unterschied, ob ich zuhause bin, alles in deutscher Sprache zur Hand habe, eben mal schnell meine Kinder fragen kann oder ob ich auf mich allein gestellt im Ausland bin.

Ich habe bisher alles ganz gut hinbekommen, manchmal hat es länger gedauert, manchmal ging es schneller, aber es hat funktioniert! Der einzige Fehler, den ich nicht mehr korrigieren kann, betrifft meinen Handytarif. Ich habe es verpasst, bereits zuhause in Deutschland den richtigen Tarif für das halbe Jahr zu vereinbaren, also einen Auslandstarif, da hätte ich mich im Vorfeld besser erkundigen müssen. Wobei ich von meinem jungen Studenten-Freund erfahre, dass er eine chinesische SIM-Karte hat und nur mit dieser telefoniert und erreichbar ist. Davon inspiriert wechsle ich die chinesische SIM-Karte in das andere Handy und somit bin ich über die chinesische Nummer mit WeChat gut erreichbar. Dafür habe ich eine Pauschale und kann total günstig telefonieren. Mein „normales“ deutsches Handy nehme ich nur noch, um Mails und ab und zu WhatsApp zu checken.

Auch hier bin ich selbstständig los und habe mir die chinesische SIM- Karte besorgt. Allerdings brauchte ich bei der Registrierung und der Tarifwahl die Unterstützung meiner Kollegin, da die Verkäufer leider kein Englisch sprachen. Ich weiß, wenn meine Kinder diesen Abschnitt lesen, lächeln sie milde, worüber ihre Mutter stolz ist. Doch allen anderen Lesern möchte ich Mut machen! Es geht! Man schafft's … irgendwie!

02. Oktober

Endlich komme ich wieder zum Schreiben, die letzten Tage ist doch so viel passiert. Ein gutes Zeichen, denn das heißt, ich bin beschäftigt. Als erstes beginne ich mit der Veranstaltung in Guangzhou, für die wir u.a. den deutschen Pavillon aufbauen und betreuen. Außerdem kümmern wir uns um die deutschen Gäste und organisieren einen entsprechenden Empfang. Zwei Tage vor Messebeginn ist das ganze Team von Nanjing nach Guangzhou geflogen. Ich komme einen Tag später zusammen mit meinem Chef hinterher. Ich habe meinen Businesskoffer gepackt und bin voller Tatendrang. Ich gestehe, es ist angenehm zu wissen, dass ich mich um keine Flugbuchung oder den Taxitransport zum Flughafen etc. kümmern muss. Unsere Team-Assistentin hat alles organisiert und so stehe ich entspannt in der Lobby unseres Wohnkomplexes und warte darauf, dass die Reise losgeht. Es ist ein kurzer Flug und ich freue mich, Teil der Business-Welt zu sein. Untergebracht sind wir in einem sehr schönen Hotel. Wir haben kurz Zeit, uns frisch zu machen, und dann geht es weiter zu den Kollegen, die schon vor Ort auf der Messe sind. Es gibt ein freudiges Hallo mit Umarmungen, als ich komme, ich bin ganz gerührt. Ich fühle mich dazugehörig, das ist ein sehr schönes Gefühl. Am Abend gehen wir dann alle spontan in ein kleines Restaurant: Die Kollegen bestellen, es schmeckt hervorragend und es ist unglaublich lustig. Man hat ein paar Gemeinsamkeiten oder gemeinsame Erlebnisse, auf die man aufbauen kann. Ein Running Gag an jedem weiteren Abend wird meine „Liebe" zur Pekingente sein.

Am nächsten Tag ist erster Messetag, eine Kombination aus viel Arbeit und vielen neuen Eindrücken und Situationen. Ich bin bemüht, mein Bestes zu geben und komme mit meinen Kollegen sehr gut zurecht. Das Zusammenspiel funktioniert. Am Abend dann der Ausstellerabend für über 2000 Personen in einem Raum, ein beeindruckendes Erlebnis. Was mich sehr rührt, ist, dass mir meine Kollegin zwei Tickets für das Gewinnspiel Lucky Draw zusteckt, das eigentlich nur für die Gäste bestimmt ist. Sie möchte so gerne, dass ich etwas gewinne, was für eine nette Geste. Der Abend ist sehr heiter und ausgelassen. Nach dem Essen ist es eine Tradition aufzustehen, an andere

Tische zu gehen und sich viel Glück zu wünschen. Alle Kollegen sind da und jeder wünscht auch mir viel Glück, wir machen viele Selfies und Gemeinschaftsfotos und gehen mit den letzten Gästen.

Der nächste Tag steht wieder ganz normal im Zeichen der Gästebetreuung und des Messeablaufes. Am Abend organisieren wir ein VIP-Dinner. Das Restaurant liegt auf einer beeindruckend hohen Etage eines Wolkenkratzers, die Aussicht ist spektakulär. Leider bekommen wir einen Raum ohne wirklichen Blick zugewiesen, der guten Stimmung tut dies allerdings keinem Abbruch. In China ist es üblich, dass Gruppen in einzelnen Räumen untergebracht werden und nicht im normalen Restaurantbetrieb. Ich empfinde es als Vorteil, um ungestört mit den Geschäftspartnern sprechen zu können. Der Nachteil liegt sicherlich darin, dass es schwierig ist Stimmung zu bekommen, da der Raum oft komplett ruhig und abgelegen ist. Im Hotel geht die ganze Truppe noch an die Bar und wir lassen den Tag ausklingen. Am nächsten Abend plane ich mit einer Kollegin den Empfang des deutschen Generalkonsuls. Das Ambiente des Hotelraumes ist beeindruckend chinesisch und es fällt uns leicht, unsere Ideen entsprechend umzusetzen. Viel Glitzer, ein prunkvoller Kronleuchter und ein sehr schön angerichtetes westlich-chinesisch gemischtes Buffet. Nach einer Ansprache des Generalkonsuls wird das Buffet eröffnet, die Gäste sind rundum zufrieden, unser Team kann durchatmen. Bei der Planung der Veranstaltung arbeite ich sehr eng mit einer Kollegin zusammen, die ich sehr zu schätzen lerne. Wir verstehen uns wirklich gut und ich habe nicht nur bei ihr das Gefühl, dass sie froh ist, mit einer neutralen Person über die Arbeit und die Kollegen sprechen zu können.

Nach dem Empfang gehen wir noch mit meinen deutschen Kollegen, die extra für diese Messe nach Guangzhou gekommen sind, zu einem Vergnügungsviertel am Perlfluss. Hunderte von Kneipen stehen dicht an dicht und wir ziehen vergnügt von einer Bar zur nächsten. Das sind Abende mit den Kollegen, die man natürlich in Deutschland nie so haben wird, denn das Ausland hat eine besondere Ausstrahlung und verleiht den Treffen ein besonderes Charisma. Worüber ich mich noch besonders freue, ist, dass mir eine Kollegin als Überraschung extra deutsche Schokolade mitgebracht hat, welch süße Köstlichkeit.

Der letzte Messetag vergeht sehr schnell und das Organisationsteam trifft sich nach Messeschluss in der Hotellobby. Allerdings in der Hotellobby der chinesischen Kollegen. Ein interessanter Punkt: Die Kollegen dürfen nur in bestimmten Hotels übernachten, nicht in dem gleichen, in dem ich und meine deutschen Kollegen untergebracht sind. Die chinesischen Hotels sind staatlich vorgegeben. Welche genauen Konditionen bei den Kollegen eine Rolle spielen, kann oder wollte mir niemand genauer erklären.

Da die Kollegen schon öfter in Guangzhou waren, kennen sie sich aus und zeigen mir noch die Stadt. Jeder Laden mit Spezialitäten wird aufgesucht, wir essen und lachen den ganzen Nachmittag. Es ist faszinierend, wie viel Chinesen essen können und wie sie dabei so schlank bleiben.

Dann geht es gemeinsam zum Flughafen, der Rückflug geht schnell und unkompliziert. Angekommen in Nanjing kümmern sich die Kollegen noch um ein Taxi für mich und warten so lange, bis sie dem Taxifahrer meine Adresse nennen können.

Zuhause angekommen freue ich mich auf mein Bett und schlafe komplett zufrieden und glücklich ein.

03. Oktober

Am nächsten Tag heißt es Koffer umpacken. Denn die chinesische Golden Week steht an, das heißt, eine Woche frei. Ich bin ich mit meiner chinesischen Freundin aus Reutlingen in Hangzhou verabredet und freue mich sehr. Sehr selbstsicher bestelle ich mir am Vorabend ein Taxi für 9:00

Uhr mit Ziel Hauptbahnhof. Mein Ticket habe ich bestellt, das Abholen und Anstellen, die Suche nach dem richtigen Gleis meistere ich diesmal souverän. Ohne Stress, aber mit großer Vorfreude steige ich aus dem Zug und winke auch schon meiner Freundin zu. Was für ein Wiedersehen, es ist ein wunderbares Gefühl, eine vertraute Person aus der Heimat bei sich zu haben. Sie holt mich mit dem Auto ab und wir fahren direkt in die Stadt. Sie ist so herzlich bemüht und aufmerksam, zeigt mir jede Ecke ihrer ehemaligen Studentenstadt. Es macht unglaublich Spaß. Wir essen in typischen kleinen Restaurants, testen uns durch Teeläden, kaufen Souvenirs in Seidenläden und spazieren am Ufer des Westlakes entlang. Wir besuchen eine altehrwürdige Tempelanlage mit einem in Stein geschlagenen Laughing Buddha und ich bin beeindruckt von den umliegenden Reisfeldern. Es ist einfach anders, eine Stadt mit einer gebürtigen Chinesin zu entdecken. Meine Freundin hat so viel Hintergrundinformationen oder macht mich auf Dinge aufmerksam, die ich als normaler Tourist nie entdeckt hätte. Ich übernachte in einem Hotel, bevor es am nächsten Tag in ihre Heimatstadt Juji geht. Es ist so spannend, bei einer chinesischen Familie wohnen zu dürfen. So lerne ich China noch ein großes Stück besser kennen. Die Familie wohnt in einem wunderschönen Haus oberhalb der Stadt. Der Garten ist traumhaft schön mit einem riesigen Koi Teich, vielen Gemüse- und Obstsorten und verschlungenen Wegen. Die Familie wohnt zusammen mit Oma, Vater, Stiefmutter, Tante und entfernter Cousine alle unter einem Dach. Ich werde innigst begrüßt und sehr familiär aufgenommen. Ich habe kleine Gastgeschenke dabei und bedanke mich herzlichst für die Gastfreundschaft. Am Abend sitzen wir alle an einem großen runden Tisch und es werden wahre Köstlichkeiten serviert. Am liebsten würde ich mir alles aufschreiben, was es zu essen gibt. Das Essen, das ich in meiner Zeit in China erleben darf, ist derart abwechslungsreich und schmackhaft, ich kann mir nicht vorstellen, jemals wieder darauf verzichten zu müssen. Der Abend ist wunderbar chinesisch. Alle reden, lachen und essen durcheinander. Um die Oma sorgt sich jeder und hilft ihr beim Essen. Genau so etwas wollte ich so gerne erleben, ich bin sehr dankbar.

Ich schlafe mit meiner Freundin in einem Zimmer und fühle mich herrlich geborgen. Das Bett ist natürlich genauso hart wie das im Apartment in Nanjing. Meine Freundin erklärt mir, dass das in China üblich ist. Nun ja, ich habe mich ja auch schon fast daran gewöhnt. Am Morgen stehen wir auf und setzen uns zur Tante an den Frühstückstisch. Warme Reissuppe, Fleisch und andere warme Gerichte werden gereicht. Die Tante erzählt uns, dass sie schon ganz früh morgens Thai Chi gemacht hat und am Nachmittag nochmals eine Stunde machen wird. Ich bin begeistert und frage, ob ich mitmachen darf. Zwei Mal mache ich mit ihr die Übungen und kann es nicht glauben, mit welcher Eleganz und Ruhe sie die Figuren absolviert. Ich bemühe mich redlich, es ihr gleichzutun. Als ich jedoch ein Video von mir sehe, versinke ich im Boden vor Scham. Schief, krumm und wackelig stehe ich da und gebe fürwahr eine schlechte Figur ab. Aber, ganz ehrlich, es hat Riesenspaß gemacht. Von den vielen Märkten, die es hier gibt, könnte ich ein ganzes Kapitel schreiben, vom Electric Markt, vom Haushaltsmarkt, vom Seidenmarkt oder vom Perlenmarkt. Es ist wunderbar, ich liebe es, ich könnte kaufen, kaufen, kaufen. Am Nachmittag gehen wir noch zur Kosmetikerin meiner Freundin und bekommen ein Facial Treatment samt Massage. Wunderbar!

05. Oktober

Die wunderbaren Tage mit meiner Freundin gehen leider zu Ende. Jeder Tag war ein ganz eigenes Erlebnis. Von den historischen Häusern in Juji über (wieder mal) hervorragende Restaurants mit Kobe Beef und lebenden Shrimps oder beim Hot

Pot Essen, mit Besuchen im Pediküre- und Maniküreladen, komme ich aus dem Staunen nicht mehr heraus.

Der Abschied fällt schwer. Als ich zum Bahnhof laufe, fühle ich mich aber beschwingt. Ich bin dankbar, so viele tolle Dinge erlebt zu haben. Bei der Rückfahrt verpasse ich fast meinen Zug, da ich im Wartesaal die Zeit vergesse. Zunächst finde ich keinen Platz, da, so scheint es, alle Chinesen aus den Ferien ausgerechnet heute wieder zurückfahren. Dann, als ich endlich einen Sitzplatz habe, versuche ich mich mit WLAN zu verbinden, was gar nicht so einfach ist. Eine nette Chinesin erklärt mir, wie es geht, und ich passe gut auf: Ich muss die chinesische Nummer sowohl ins chinesische als auch ins deutsche Handy eingeben, dann bekomme ich den Bestätigungscode auf's chinesische Handy. Diesen kann ich dann wiederum ins deutsche Handy eingeben und habe somit WLAN. Bin ich gut?! Ja!

Nun, zurück zum Bahnhof. Ich bin so im Glück, mit meinem deutschen Handy WLAN zu haben, dass ich erst fünf Minuten vor Abfahrt wieder an die Anzeigetafel schaue, sehe, wie spät ich dran bin, und losrenne. Man muss wissen, dass die Züge hier auf die Minute pünktlich ein- und auch wieder abfahren. Verspätungen sind nahezu ausgeschlossen, das ist wirklich klasse.

Jetzt auf dem Rückweg sitze ich im Zug und weiß nicht mehr, wann der Zug genau in Nanjing ankommt. Ja, tatsächlich ein kleiner „Sicherheitsfehler“ meinerseits, sonst drucke ich alles aus oder schreibe mir alle Daten auf. Diesmal hat meine Freundin das Ticket reserviert, weil alles ausgebucht war (national holiday) und ich sozusagen über Warteliste noch einen Platz bekam. Im Zug habe ich keine Chance, online nachzusehen, wann ich genau ankomme. Nun heißt es bei jeder Station genau die Ansage beachten. Aber manchmal ergeben sich die Dinge von selbst. Nachdem ich erster Klasse fahre, habe ich gerade gesehen, dass die Zugbegleiterin die Gäste einzeln darauf aufmerksam macht, wenn die jeweilige Zielstation angefahren wird. So habe ich es zumindest gerade beobachtet. Also wirklich unbedingt immer Augen auf und alles aufmerksam beobachten, wie was geht, wer was macht etc., dann klappt es eigentlich immer.

7. Muttersorgen auf Distanz

06. Oktober

Tja, und von einem Tag auf den anderen wendet sich das Blatt. Kaum wähnt man sich in „Sicherheit“ und denkt, dass alles gut läuft, kommt ein Anruf aus Deutschland. Kein großes Drama, aber doch Sorgen für eine Mutter. Meine Tochter muss sich alle vier Weisheitszähne entfernen lassen und ich bin nicht da! Wie gesagt, eigentlich kein Drama, aber durch die Entfernung entsteht das Gefühl eines Dramas, in das ich mich mit allen Gefühlen hineinsteigere ... Mir zerreißt es das Herz, dass ich so weit weg bin, die Tränen fließen und können nicht aufhören. Ich möchte einen Heimflug buchen und alles stehen und liegen lassen! So ist das, ein schreckliches Gefühl der Machtlosigkeit. Ich darf gar nicht daran denken und muss es irgendwie verdrängen, aber doch will ich in Gedanken ganz fest bei meinem Kind sein! Ich stelle alles, was ich tue, in Frage! Am liebsten will ich den ganzen Tag mit meinen Kindern telefonieren. Dank WeChat können wir uns sehen! Ich bin so durcheinander, dass nun meine Tochter mich tröstet. Verrückte Gefühlswelt. Vor Unruhe kann ich nichts machen oder tun oder normal denken, alles dreht sich in Gedanken um zu Hause. Gott sei Dank kommt mein Sohn für zwei Tage nach Hause, schaut nach seiner Schwester, mein Mann ist ausgerechnet jetzt ebenfalls auf Auslandsreise. Die Zahn-OP verläuft gut, gleich danach bekomme ich ein lachendes Bild meiner Tochter und meines Sohnes. Ich bin so erleichtert. Eine Freundin von mir, eine Ärztin, fährt extra zu meinen Kindern und sieht nach, ob alles in Ordnung ist, ich bin – wie so oft – dankbar, solche Freunde zu haben. Die Tränen fließen aber immer noch. Wieder kommen die Gedanken von vor Wochen: Was mache ich hier, was soll das Ganze?

07. Oktober

Und es geht noch einmal so weiter. Warum ausgerechnet in der Zeit, in der ich in Nanjing bin? Mein Sohn hat ein Muttermal, das sich sichtbar verändert hat. Er geht zur Hautärztin. Sie ist über die Entwicklung besorgt und der Leberfleck muss analysiert werden. Ich kann nicht beschreiben, wie schlaflos die Nächte sind, wie viele Tränen fließen und wie schuldig ich mir vorkomme. Mir macht es unglaublich zu schaffen, nicht bei meinen Kindern sein zu können, das ist eigentlich das Schlimmste von allem. Diese Hilflosigkeit, nichts tun zu können.

Nun, das Ergebnis der Biopsie dauert drei Tage, danach kommt Entwarnung. Der Leberfleck muss zwar entfernt werden, aber es ist nichts Bösartiges. Danke!

Die Einsamkeit macht mir einmal mehr zu schaffen. Als ich von meinem Ausflug aus Juji zurückkam, war ich so guter Dinge. Noch drei freie Tage und danach wieder zurück in die Arbeit. Pustekuchen, schon nachdem ich ausgepackt und zwei Stunden ferngesehen hatte, fünf Stunden in der Stadt herumgebummelt und 49 Minuten geschwommen war, bin ich alleine, ja, und einsam. Am Abend dann der absolute Durchhänger, ich muss aufpassen nicht in eine Spirale von negativen, passiven Gedanken zu geraten. Ich bin streng zu mir: aufstehen, Tag planen, sich pflegen, aktiv sein! Ja ernsthaft, gestern habe ich mich nicht geschminkt, keine Haare gewaschen ... gibt's sowas?!

08. Oktober

Eine gute Nacht und das Leben sieht schon wieder besser aus. Ich bin wieder aktiv: Heute habe ich auf die Schnelle einen Tagesausflug nach Yangzhou gemacht. Inzwischen ist das Zugfahren überhaupt kein Problem mehr! Yangzhou liegt etwa 70 km von Nanjing entfernt. Eine entzückende Stadt direkt am sogenannten Kaiserkanal. Auf einem Ableger des Westlake fahre ich mit einem Boot und es ist wie in einem verzauberten Märchen. Insbesondere die Lotusbrücke hat es mir angetan. Sie steht Pate für die vielen chinesischen Landschaftsbilder, auf denen eine Brücke zu sehen ist. Auch viele Gedichte sind hier an diesem zauberhaften Ort entstanden. Außerdem ist Yangzhou für die drei Gärten Shouxihu Gongyuan, Ge Yuan und He Yuan bekannt. Zwei davon besuche ich und bin begeistert. Welch beeindruckend angelegten Paradiese inmitten einer Millionenstadt. Es ist schön zu sehen, dass auch in China diese Schätze bewahrt werden. Ach ja, und Marco Polo soll hier angeblich einige Jahre gelebt haben, als Statthalter für die Herrscher der Yuan-Dynastie. Was ich bei diesem Ausflug merke, ist, dass ich nicht ganz so gut wie sonst vorbereitet bin. Ich habe zwei Seiten aus dem Reiseführer abfotografiert, um nicht das ganze Buch mitnehmen zu müssen, habe aber nicht darauf geachtet, dass die Stadtteile, zu denen ich möchte, auch in Chinesisch aufgeschrieben sind. Dies hat zur Folge, dass ich wirklich mit Händen und Füßen versuchen muss, dem Taxifahrer zu erklären, wo ich hin möchte. Vom Bahnhof in die Stadtmitte klappt es gut und ich finde danach auf eigene Faust eine entzückende historische Straße, an die sich auch die bekannten Gärten anschließen. Beim zweiten Taxi von der Stadt zum Fluss, der etwas außerhalb liegt, funktioniert auch noch alles prima. Aber jetzt von außerhalb wieder ein Taxi zurück zu bekommen, erweist sich als äußerst schwierig. Die meisten Besucher des Westlakes sind schon weg und ich stehe etwas verloren am Straßenrand. Ich weiß, alle anderen Chinesen haben eine Taxi-App, Didi, mit der sie jederzeit und überall hin ein Taxi bestellen können. Ich habe mir die App nicht heruntergeladen, da ich nicht weiß, wie ich mit den Fahrern kommunizieren soll. Sie sprechen nur chinesisch. In diesem Augenblick ärgere ich mich aber, dass ich die App nicht habe, vielleicht wäre in der Not doch irgendeine Kommunikation möglich gewesen. Nun gut, einfach ruhig bleiben, heißt meine Devise! Was soll passieren! Ich bin inzwischen schon öfter dagestanden, ohne Taxi irgendwo zwischen den Straßen. Aber irgendwann kommt ein Taxi, auch wenn es mal länger dauert. Nachdem es diesmal aber sehr lange dauert, die Abenddämmerung hereinbricht und doch kein Taxi in Sicht ist, spreche ich zwei junge Mädchen an. Ich muss mir immer genau ansehen, wen ich anspreche und wer eventuell Englisch sprechen könnte. Die zwei sind unglaublich nett, bemüht, und versuchen zu helfen. Sie organisieren mir ein Taxi und versuchen dem Taxifahrer zu beschreiben, wohin ich will. Wie gesagt, meine Ortsbeschreibung war nur in Englisch abfotografiert, damit haben die meisten Chinesen Schwierigkeiten. Ich bin zwar nicht genau dahingekommen, wo ich eigentlich hin wollte, aber ich war froh und dankbar, überhaupt wieder in der Stadt zu sein. Denn von hier ist es kein Problem wieder zum Bahnhof zu gelangen. Außerdem habe ich den Bahnhof bei meiner Ankunft gleich abfotografiert, um den Taxifahrern im Worst Case das Bild zeigen zu können, damit sie wissen, wo ich hin will. Merke: Vorbereitung ist alles. Vorausdenken hilft. Inzwischen bin ich schon gut beim Mitdenken der Vorbereitungen, aber manchmal entfällt mir dann doch etwas. Also immer darauf achten, dass die Beschreibung in der Sprache des Landes lesbar ist und den Bahnhof oder den Ort, an dem man ankommt und zu dem man wieder hin möchte, fotografieren oder auf chinesisch aufschreiben lassen. In diesen großen chinesischen Städten ist es meist so, dass es mehrere verschiedenen Bahnhöfe gibt. Und jetzt versuch mal, auf Chinesisch zu erklären, welchen Bahnhof du meinst! Also ein Foto machen von dem Ort, zu dem man wieder zurück möchte!

09. Oktober

So ist das mit diesen langen Wochenenden. Einerseits sollte man sich freuen, dass man nicht in die Arbeit muss. Andererseits freue ich mich ja, arbeiten zu dürfen und Kollegen treffen zu können. Ich muss nicht mal Hausarbeit erledigen, da ich so wenig Wäsche habe, nichts aufräumen muss und nur für eine Person einkaufe. Alles, was ich in Deutschland über das Wochenende erledige, mache ich hier nach Feierabend. Damit habe ich am Wochenende komplett frei. Also gilt es zu planen, um nicht allein zu sein. Eine Kollegin hat mich gefragt, ob ich Lust habe, mit ihr zum Shoppen zu gehen und danach zum Abendessen. Na klar, habe ich Lust, ich freue mich riesig. Sie spricht nicht besonders gut Englisch, aber wir verständigen uns mit Händen und Füßen, sie ist total lustig und wir haben unglaublich viel Spaß. Zunächst erklärt sie mir, dass wir einen Milktea to go, herrlich pappsüß, kaufen müssen und dass man das vor dem Shoppen mit einer Freundin so macht. Danach geht es mit dem Milktea ausgestattet stundenlang durch Läden und Shopping Malls, die ich noch nie gesehen habe. Mit Einheimischen unterwegs zu sein, ist nochmal komplett anders. Es ist ein sehr schöner Nachmittag und Abend und durch meine Begleiterin bekomme ich nochmals viele neue Eindrücke von der Stadt.

Über WeChat bin ich außerdem in einer Gruppe meines Wohnblocks. Hier posten die Verantwortlichen alles Wissenswerte über die Wohnanlage, aber auch wenn Veranstaltungen organisiert werden. Heute zeigt es mir an, dass ab sofort chinesisches Yoga angeboten wird. Ich zögere keine Minute und melde mich an. Einen Abend später sitze ich im Gymnastikraum auf einer Matte und lache in mich hinein. Ich habe von Yoga keine Ahnung, selbst wenn mir jemand auf Deutsch die „sinkende Sonne“ erklären will, tu‘ ich mir schwer im Umsetzen. Heute nun hat eine sehr geduldige junge biegsame chinesische Yoga-Lehrerin versucht mir zu erklären, wie welche Stellungen zu machen sind. Ich bezweifle zwar, dass ich alles richtig mache, komme aber trotzdem ins Schwitzen. Außerdem lerne ich eine Spanierin kennen, die mit ihrem Mann für ein Jahr hier in Nanjing lebt. Ab sofort möchte ich auch versuchen, zweimal die Woche abends hier im Apartmentkomplex an Yoga teilzunehmen. Auf dem Rückweg vom Fitnessraum in mein Apartment entdecke ich noch eine sogenannte Residence-Lounge, die ich noch nicht bewusst wahrgenommen hatte. Dort steht eine Kaffeemaschine und es gibt die tägliche Zeitung. Wie wunderbar. Morgen gehe ich dorthin, trinke Kaffee und lese Zeitung. Ich freu mich. Ich werde unter Leuten sein und vielleicht jemanden kennenlernen.

10. Oktober

Das Thema Visum ist ein Dauerbrenner, das mich mal mehr und mal weniger belastet. Ich bin mit einem Business-Visum eingereist, das nach zwei Monaten abläuft bzw. verlängert werden muss. Doch diese Verlängerung scheint nicht so ganz einfach zu sein. Eine Bedingung ist wohl ein chinesischer Arbeitsvertrag. Das heißt, mein jetziger deutscher Vertrag wird ruhend gestellt und ich bekomme einen chinesischen Vertrag. Das klingt zunächst sehr simpel, doch stellt es uns alle vor enorme Herausforderungen. Die Personalabteilung arbeitet mit Hochdruck daran, für mich vergleichbare Konditionen wie in Deutschland zu schaffen. Ich versuche mit der Situation klarzukommen und zu verstehen, unter welchen anderen Vertragsbedingungen ich arbeiten werde. Das Einzige, was sich im Nachhinein als größeres Problem erweisen wird, ist die aus dem chinesischen Vertrag resultierende Bezahlung in chinesischer Währung auf ein chinesisches Konto. Alles in allem erscheinen die Konditionen plausibel und ich weiß, dass ich mich 100 Prozent auf meinen Arbeitgeber verlassen kann. Doch trotzdem ist dies für mich Belastung pur, meine Nächte sind zeitweise sehr kurz. Ich habe das Gefühl, mein Gehirn nicht ausschalten zu können. Wenn ich vor Erschöpfung einschlafe, wache ich nach einiger Zeit wieder auf und es stellt sich das Gedankenkarussell ein und das war's dann mit der Nacht. Es finden zahllose Telefonate zwischen mir und meinem Mann statt, er bestärkt mich, wo er kann, und hilft mir, die Angst vor dem Unbekannten zu überwinden.

11. Oktober

Eigentlich will ich schon absagen. Ich hatte mich mit einem spanischen Kollegen verabredet, auf ein Bier zu gehen. Ich bin aber so kaputt wegen meiner schlaflosen Nächte, dass ich meine Augen kaum mehr aufbekomme. Aber was soll ich sagen, eine Verabredung, ein neuer Kontakt ist so wertvoll, dass ich natürlich hingehe. Außerdem ist es die erste Kneipenverabredung in Nanjing. Und es wird ein so lustiger Abend: einfach angenehm, ausgelassen, ungezwungen. Es tut so gut zu lachen. Und wenn man dann auch einmal ins Gespräch mit den Kollegen kommt, über Gott und die Welt spricht, dann hat das Ganze auch einen Doppeleffekt: nette Unterhaltung und Verständnis für die jeweiligen Lebenssituationen. Heute Abend gehen die Kollegen vom Unternehmen nebenan wieder ein Bier trinken und mein lieber Studentenfreund hat gefragt, ob ich nicht mitkommen mag. Na klar, wenn das mal keine Alternative zum abendlichen „Alleinedaheimsitzen" ist!

8. Besuch aus der Heimat

14. Oktober

Schon nett, wie man dann plötzlich in einem komplett anderen Leben mit komplett anderen Menschen über deren Leben diskutiert. Menschen, die man nie kennengelernt hätte, wenn man so einen Austausch nicht gemacht hätte. Heute hatte ich eine große Diskussion mit meinem Studenten-Freund über seine thailändische Freundin. Er hat sie hier in China kennengelernt und erkennt nun, dass die Sache gar nicht so einfach sein wird, wenn er in ein paar Wochen wieder zurück nach Deutschland fliegt. Und mit meinem anderen Arbeitskollegen entdecke ich, dass wir eine gemeinsame Bekannte in Stuttgart haben. Wir rufen sie gleich an und es ist so ein lustiger Anruf, wir freuen uns alle über diesen großen Zufall. Ich sage ja, die Welt ist klein, am besten immer freundlich zu allen Menschen sein!

18. Oktober

Seit Tagen freue ich mich auf heute. Meine Freundin aus München kommt mich besuchen. Ich bin beschwingt und guter Dinge! Ein Stück Heimat kommt, ich könnte singen, tanzen, hüpfen, springen! Ich habe jeden Tag verplant, ich will ihr so viel wie nur möglich zeigen. Ich sehe den ganzen Tag auf die Uhr und auf mein Handy. Nicht, dass ich einen Anruf oder eine Nachricht verpasse. Gegen Mittag kommt endlich die ersehnte Nachricht: „Sitze im Taxi“. Da ich extra einen halben Tag freigenommen habe, bin ich schon in meinem Apartment. Jetzt hält mich nichts mehr, ich muss draußen auf sie warten. Ich gehe im Kopf durch, wie lang das Taxi vom Flughafen braucht, und möchte am liebsten jedem Auto, das ums Eck biegt, zuwinken. Schließlich kommt meine liebe Freundin nicht per Taxi, sondern zu Fuß ums Eck. Der Taxifahrer hat sie am anderen Ende des Apartmentkomplexes rausgelassen. Wir liegen uns lachend in den Armen, welch eine Glücksgefühl. Ich zeige ihr mein Apartment und ihr Zimmer. Für den ersten Abend gehen wir gleich nebenan in meine kleine Shopping Mall ums Eck und essen in einem chinesischen Restaurant. Wir reden stundenlang und es ist so wunderbar, einer so lieben engen Freundin zum einen das Herz auszuschütten, aber zum anderen auch über die Freuden, die ich inzwischen hier erlebt habe, zu berichten! Und etwas ganz Interessantes passiert: Wie stolz bin ich inzwischen, hier zu sein und ihr alles zeigen zu können! Sie ist tatsächlich sehr beeindruckt von meiner Selbstständigkeit, von den Dingen, die ich weiß bzw. die ich im Ausland mache: Die Kommunikation zwischen den Welten, den Alltag bewältigen, technische Herausforderungen oder eben all die Dinge, die man sonst beim Ehepartner oder bei den Kindern nachfragt, was ich hier eben nicht tun kann.

Der zweite Tag mit ihr beginnt mit einem herrlichen Sonnenschein. Nanjing zeigt sich von seiner besten Seite. Ich habe mich ja schon vor einiger Zeit für eine Fahrradtour mit dem European Chamber angemeldet, diese wurde mehrmals verschoben und findet nun just heute statt. Was für ein passender Zufall, dass meine Freundin da ist, ich nehme sie einfach mit. Wer kann schon sagen, dass er in China eine Fahrradtour über den Purple Mountain in Nanjing mitgemacht hat? Geplant ist, die Teilnehmer in drei Gruppen zu unterteilen: Anfänger, Fortgeschrittene und Profis. Letztlich entstehen zwei Gruppen: Anfänger und Profis. Wir haben solch eine Angst, dass wir in der Gruppe der Profis mitfahren müssen und die Tour nicht durchhalten. Wir malen uns die abenteuerlichsten Momente aus und müssen im Vorfeld so viel lachen. Ehe wir uns versehen, landen wir aber tatsächlich bei den Profis. Alle chinesischen Teilnehmer sind höchst professionell ausgestattet: Fahrradkleidung, Fahrradschuhe, Fahrradhelm, Fahrradbrille, Getränke …

Meine Freundin und ich schauen uns nur noch an und prusten schon wieder los: Wir haben beide

Jeans mit Pulli und Turnschuhen an. Das Fahrrad und der Helm sind ausgeliehen und passen uns exakt so, wie wenn ein Europäer auf einem Fahrrad für Chinesen sitzt … Einmal mehr kommt mein neuer Standardspruch in China zur Anwendung: Was kann uns passieren? Nichts!

Wie so oft im Leben darf man sich nicht auf Äußerlichkeiten verlassen beziehungsweise nach Äußerlichkeiten richten: Es ist alles mehr Schein als Sein! Die topp ausgestatteten Radler entpuppen sich als Schönwetter-Radler mit Profiausstattung. Letztlich erweisen sich die „Profis“ als eine bunt gemischte Truppe mit allen Fahrstärken, wir können also locker mithalten und es macht einen riesigen Spaß. Wir entdecken eine Pflanzenwelt, die ihresgleichen sucht, fahren an älteren Menschen vorbei, die sich zum morgendlichen Tai-Chi treffen, oder entdecken in Wasser gebaute Tempel. Die Fahrradtour ist Erleben pur. Der Purple Mountain ist insgesamt 448,2 Meter hoch. Da der Gipfel, insbesondere am Morgen oder Abend, oft in lila und goldene Wolken eingehüllt ist, hat er diesen malerischen Namen bekommen. Die Fläche des Berges erstreckt sich über ca. 20 Quadratkilometer und mehr als 200 historische und malerische Sehenswürdigkeiten kann man dort besuchen. Zu den bekanntesten zählen das Sun Yat-sen-Mausoleum, das Ming-Xiaoling-Mausoleum oder der Linggu-Tempel.

Die Fahrradtour dauert den ganzen Vormittag, für den Nachmittag haben wir uns vorgenommen, einen Teil der anderen Sehenswürdigkeiten zu erkunden.

Beim Abschlusssnack der Fahrradtour kommen wir mit einem Einheimischen ins Gespräch, der uns darauf hinweist, dass wir uns für die Besichtigungen der Sehenswürdigkeiten vorab online registrieren müssen. Wieder etwas gelernt.

Also versuchen wir uns über unsere Handys mit Angaben unserer Passdaten zu registrieren und eine Uhrzeit für den Besuch einzugeben. Alles nicht so einfach, da die Besucherseite auf Chinesisch verfasst ist. Der nette „Radlerkollege“ checkt uns schließlich über sein Handy ein und sendet uns die Zugangsdaten zu. Daran hätte ich tatsächlich nie gedacht, dass man sich in Nanjing, einer Stadt, die weder besonders international ausgerichtet noch sehr touristisch ist, für eine Sehenswürdigkeit mit Pass registrieren und eine Besuchszeit eingeben muss. Aber je länger ich darüber nachdenke desto mehr verstehe ich es. Es geht nicht um den internationalen Tourismus, es geht auch um den nationalen Tourismus. Es gibt so viele chinesischen Besucher, die an den Wochenenden kommen, dass der Besuch einfach reguliert werden muss. Wie gesagt, allein Nanjing hat über 9 Millionen Einwohner, die nahezu alle am Wochenende einen Ausflug machen.

Am Abend gehen wir noch in eines meiner Lieblingsrestaurants, um Pekingente zu essen. Was für ein schöner Tag.

Am nächsten Tag steht die Besichtigung der Stadt Suzhou auf dem Programm. Wir haben uns eine Tagesführung mit privater Führerin gebucht. Die Stadt, die auch als Klein-Venedig von China bezeichnet wird, hat so viele Sehenswürdigkeiten, da erscheint uns die Besichtigung einfacher. Unsere Führerin heißt Joy, ist halb so groß wie wir, aber hat uns fest im Griff. Sie gibt klare Anweisungen, was wir wie wann zu tun und zu lassen haben, wir fühlen uns wie kleine Schulmädchen und amüsieren uns königlich. Zunächst sind wir etwas enttäuscht von der Stadt, haben wir uns diese doch kleiner und romantischer vorgestellt. Leider haben wir auch hier wieder vergessen, dass es nach chinesischen Maßstäben eine kleine Stadt ist, die 10 Millionen Einwohner hat …

Das UNESCO-Welterbe Klassische Gärten von Suzhou umfasst neun der bedeutendsten Gärten der Stadt, wir besuchen den Garten des bescheidenen Beamten und den Garten des Verweilens. Auch der Tiger-Hügel und eine Fahrt entlang der Kanäle stehen auf dem Programm. Am Abend, wir übernachten für eine Nacht, entdecken wir ein kleines Restaurant am Rande eines Kanals. Es ist im Freien, wir bestellen blind, da alles auf Chinesisch geschrieben ist. Das Essen ist vorzüglich, allerdings schließen wir die Augen, als wir an der offenen Küchenecke vorbeigehen. Wir wollen gar nicht sehen, was wir gerade gegessen haben oder wie es zubereitet wurde …

19. Oktober

Jetzt geht alles ganz schnell. Nach der Rückfahrt haben wir noch einen gemeinsamen Nachmittag, am nächsten Tag steht bereits der Rückflug an. Als sie ins Taxi steigt, fließen viele Tränen. Auch jetzt, während ich diesen Text schreibe, muss ich wieder weinen. Es war wunderbar, dass sie da war, ein bisschen Heimat in der Fremde. Was mir unglaublich gutgetan hat, war die Tatsache, dass sie mich so bewundert hat, wie selbstständig ich bin, wie gut ich alles organisiert bekomme, wie souverän ich mit den verschiedenen Situationen umgehen konnte und wie selbstverständlich ich hier schon lebe nach relativ kurzer Zeit. Das hat mich motiviert und stolz gemacht. Wahrscheinlich ist man selbst irgendwie in einer Spirale gefangen, sich im Ausland zurechtzufinden. Ich versuche, alles automatisch richtig zu machen oder mir zu erarbeiten, wie es richtig sein könnte. Betrachtet man die Situation aber als Außenstehender, wirkt es sehr souverän. Ich klopfe mir jetzt einfach selbst auf die Schulter und sage ja, ich mache vieles richtig, und, ja, ich bin gut angekommen.

Nun bin ich zwar wieder alleine, aber irgendwie doch gar nicht mehr so sehr. Ich habe die ersten Kontakte geknüpft und gehe abends auf ein Bier mit Kollegen, am nächsten Abend zu einem Essen mit Kolleginnen und nächstes Wochenende findet ein Oktoberfest statt, organisiert vom European Chamber. Ich gehe natürlich überall hin, denn nach wie vor heißt es Kontakte, Kontakte, Kontakte knüpfen.

20. Oktober

Heute musste ich zu einem medizinischen Test für meine Arbeitserlaubnis beziehungsweise für das Visum. Meine liebe Freundin würde sagen: „Ein unwürdiger Moment!“ Ich wusste ja, dass ich durchgecheckt werde, aber als Deutscher hat man eine andere Vorstellung von medizinischer Untersuchung. Wir schätzen unsere Krankenhausatmosphäre für die Sterilität, Sauberkeit und Ordnung. Hier im Krankenhaus in Nanjing werde ich auf einem Stockwerk durch die verschiedenen Zimmer geschleust wie ein Stück Vieh durch den Stall. In jedem Zimmer findet eine andere Untersuchung statt, Augen, Ohren, Ultraschall etc. Ich bin so perplex über das Vorgehen, dass ich erst nach einer Weile protestiere. Bei offener Tür und den nächsten Patienten, die in der Tür stehen und warten, soll ich meine Bluse ausziehen und mich zum Ultraschall auf eine Liege legen. Als erstes nehme ich das Papier, das noch von meinem Vorgänger auf der Liege liegt, weg und lege mir selbst frisches hin, dann schließe ich noch die Tür, bevor ich mich ausziehe. Die Ärztin sieht mich irritiert an, schimpft auf chinesisch, aber lässt mich machen. Nach der Untersuchung ziehe ich mich wieder an und öffne dann die Tür für den nächsten Patienten. Beim Wiegen oder beim Sehtest stehen die Leute so dicht beieinander, dass eigentlich jeder alles von jedem mitbekommt. Privatsphäre ist Mangelware. Ich bin die einzige Europäerin, alle schauen sehr interessiert zu, wie ich höre, sehe, wie groß ich bin und was ich wiege. Bald nach mir lädt ein Reisebus ca. 50 Inder aus, die auch alle die Tests machen müssen. Die Enge und Lautstärke werden fast unerträglich. Ich muss noch einen Bluttest machen, dann bin ich fertig. Hier schaue ich ganz genau, wie es mit der Hygiene läuft, dass mir hier noch etwas passiert, danke, darauf habe ich absolut keine Lust. Endlich bin ich fertig, ich verlasse fluchtartig das Krankenhaus. So etwas Unwürdiges habe ich vorher noch nie erleben müssen. Dem Himmel sei Dank!

Jetzt hoffe ich, dass bald meine Visum-Verlängerung erledigt sein wird und dieses ganze Theater um das Visum beendet ist. Aber es wird noch dauern, erst wenn alle Unterlagen zusammen sind, kann ich es beantragen. Dies kann ich entweder in Hongkong machen oder in Deutschland. Ich hoffe, dass ich es in Hongkong machen kann. Nach Deutschland für einen Tag wäre zwar grundsätzlich auch machbar, aber weitaus weniger Aufwand wäre Hongkong. Außerdem waren wir als Kinder schon gelegentlich dort mit meinem Vater und so wäre es spannend, diese Stadt wieder erleben zu dürfen.

21. Oktober

Was für ein netter Tag! Mein Kollege hat mich zusammen mit seinen Eltern zu einer Ausfahrt auf das Land eingeladen. Ich musste natürlich zuerst sehr lachen, denn der Gedanke „Rentnerausflug“ kam mir sogleich in den Sinn. Mein Kollege hatte mir ja erzählt, dass die Frauen bereits mit Anfang 50 in Rente gehen und die Männer mit ca. 60 Jahren. Er hatte mir auch erzählt, dass seine Mutter in Rente sei, zwar jetzt wieder arbeite, aber nichtsdestotrotz das Rentenalter habe. Tja, und dreimal darf jeder raten, wie alt sie ist. Genauso alt wie ich: 51! Nun denn, trotz aller Gedanken vorab, der Rentnerausflug wird sehr lustig. Wir fahren zu einem kleinen Berg in der Nähe von Nanjing. Dort wandern wir und sehen uns noch eine Art Naturpark mit Bäumen an, die in einem Teich versinken. Das Mittagessen gibt es in der Geburtsstadt der Eltern, einem ganz kleinen Dorf. Im Restaurant war es herrlich chinesisch und ich esse bei fast allen Spezialitäten mit. Es ist aber auch das erste Mal, dass ich etwas nicht probiere: Die Spezialität des Hauses sind Eier, die schon angebrütet sind, also das Küken bzw. der Schnabel und die Federn sind schon gut zu erkennen. Die Eier werden ca. 20 Minuten gekocht und dann gegessen. Mein Kollege öffnet das Ei und schlürft die Flüssigkeit heraus. Danach pellt er es, tunkt es in Sojasoße und isst es. Ich esse ja viel, aber das packe ich nicht und lehne dankend ab. Die drei sind nicht böse, sondern schmunzeln, mein Kollege freut sich, dass ein Ei übrig ist, und isst es auch noch auf.

Am Nachmittag gehen wir nochmals eine Runde spazieren und fotografieren uns gegenseitig. Ich lerne, was es heißt, in China zu „posen“. Was sind wir in Deutschland langweilig. Stellen uns vor eine Sehenswürdigkeit, lächeln und klick. Hier hat alles eine Bedeutung. Wir grüßen auf den Fotos die Erde und die Sonne gleichzeitig, wir nehmen uns an den Händen und grüßen den Himmel, wir formen ein Herz mit den Fingern oder den Armen.

Ich kann mich mit den Eltern zwar nicht unterhalten, aber wir mögen uns und lachen viel zusammen. Mit Händen und Füßen kommunizieren wir, und wenn es gar nicht mehr geht, übersetzt mein Kollege. Auf die Bilder bekomme ich übrigens super Resonanz, jeder reagiert darauf. Nicht nur meine Kinder loben die Bilder als cool, auch alle Freundinnen finden die Art und Weise der Bilder erfrischend anders. Auf die Bilder reagiert einfach jeder. Wenn das mal nichts heißt!

22. Oktober

Und schon wieder ein abwechslungsreicher Abend: Meine Kollegen haben mich diesmal zum Hot-Pot-Essen eingeladen und danach zum Karaoke. Was für ein Durcheinander solch ein Hot-Pot-Essen an einem so großen Tisch ist. Die Kollegen erklären mir genau, was ich esse, was sie bestellen, wie es funktioniert und welche Soßen man zu was nimmt! Als Besonderheit kommt noch ein „Nudeltänzer" an den Tisch, der mit dem Nudelteig tanzt. Ich würde es als klassische chinesische Showeinlage bezeichnen. Danach gehen alle gemeinsam zur Karaokebar. Ich freue mich total, da ich noch nie in einer Karaokebar war. Wir bekommen einen Raum zugewiesen und sitzen alle nebeneinander auf dem Sofa, vor einem großen Fernseher. Da die Kollegen schon alles vorab bestellt haben, kommen nun Snacks, Bier, Schnaps am laufenden Band. Wir essen, trinken und singen. Drei Stunden vergehen wie im Flug, einer nach dem anderen singen wir Lied auf Lied. Insbesondere die Männer lieben schnulzige chinesische Lieder. Für uns ist es fast schon befremdlich, mit welcher Inbrunst sie die Lieder trällern. Wohingegen niemand komisch schaut oder hämisch lacht. Jeder hört andächtig zu und sucht sich das nächste Lied aus. Alles ist sehr entspannt und gelassen. Ich schaffe es leider nicht, über meinen Schatten zu springen und auch zu singen. Für uns ist es aber auch nicht so selbstverständlich wie hierzulande. Mein Kollege erklärt mir, dass sie mit Karaoke aufgewachsen sind. Es gab früher nicht allzu viele Möglichkeiten, sich zu amüsieren, also hat man gemeinsam gesungen. Und das ist bis heute gebelieben.

9. Alles neu, dank China

23. Oktober

Wenn mir jemand vor acht Wochen gesagt hätte, dass ich hier anfange zu schwimmen, Fahrrad zu fahren, Yoga zu machen und tatsächlich auf einem Laufband zu laufen, hätte ich zu ihm gesagt, alles, aber das nicht! Heute bin ich zum zweiten Mal auf dem Laufband und muss sagen, es macht tatsächlich Spaß. Es ist mir eine Lehre, einfach doch einmal über meinen Schatten zu springen und etwas Neues auszuprobieren. Das soll jetzt nicht heißen, dass ich alles nach diesem halben Jahr in Deutschland weitermachen werde, aber das soll heißen, dass es durchaus Sinn macht, mit alten Gewohnheiten zu brechen und Neues auszuprobieren! Ich notiere mir sogar meine gelaufene Zeit … Eine andere große Neuerung vollziehe ich heute auch: Ich wiege mich ... Tja, vielleicht braucht man wirklich erst Abstand bzw. einen Neuanfang. Somit erkennt man von einer anderen Perspektive aus Dinge neu, erkennt sie anders und kann sie neu umsetzen, neu akzeptieren … um dann tatsächlich Freude daran zu finden! Das sind so Augenblicke, bei denen man sich denkt: Ja, ich hab's tatsächlich getan!

24. Oktober

Heute Abend gehe ich zu einem bayerischen Abend, genauer gesagt zum Oktoberfest. Es wird von der European Chamber organisiert. Was ich noch gar nicht aufgeschrieben habe, ist die schöne Neuigkeit, dass sich meine Bahnhofsbekanntschaft von meinem ersten Wochenende gemeldet hat. Sie hatte mir eine Mail geschrieben und ich habe mich total gefreut. Auch sie wird heute zum Oktoberfest kommen. Ich bin schon neugierig auf unser Wiedersehen. Trotzdem gehört, wie immer, ein wenig Mut dazu, zu solch einer Veranstaltung zu gehen, ohne jemanden zu kennen. Wobei ich mich inzwischen schon daran gewöhnt habe, den ersten Schritt wagen zu müssen. Und hier wieder mal mein Motto: Was soll denn passieren? Wenn ich mit niemandem ins Gespräch komme, nehme ich mir ein Taxi und fahre wieder nach Hause. So what? Bis jetzt ist mir das aber noch nie passiert! Was ich auch beobachtet habe, es geht doch irgendwie allen gleich! Es gibt immer Gleichgesinnte, die man trifft, die Anschluss suchen und ins Gespräch kommen möchten. Man darf nicht wählerisch sein oder sich zu viele Gedanken machen. Kopf hoch und Augen auf, ein bisschen lächeln und mit den anderen plaudern. Ich merke eine Änderung in meinem Verhalten: Zuhause neigt man zu einer gewissen Überheblichkeit, man braucht ja eigentlich keinen neuen Kontakt, man muss und will nicht mit jedem reden. Das kann man hier natürlich nicht tun. Und ganz ehrlich?! Das Verhalten zuhause ist unfair und hochnäsig! Ich habe hier wieder gesehen, dass es so viele Menschen gibt, die man nicht nach ihrem Aussehen beurteilen soll. Es sind so viele angenehme Menschen, die offen für Neues sind, die einem helfen und wirklich positiv gestimmt sind. Eine Erkenntnis nicht nur für mich, sondern für alle, nehmt die Menschen so, wie sie sind, und ihr werdet oft überrascht sein, was in ihnen steckt und was ihr in ihnen findet!

Auch dieser Abend ist wieder ein absolutes Highlight. Ich treffe, wie gesagt, meine Bekannte vom Bahnhof wieder und wir unterhalten uns blendend. Wir tauschen endlich auch unsere Telefonnummern aus und versprechen, miteinander in Kontakt zu bleiben. Außerdem lerne ich drei weitere Frauen kennen, mit denen ich mich ebenfalls verabrede. Eine Chinesin, eine deutsche Austauschstudentin und eine Deutsche, die schon seit vielen Jahren hier lebt. Über WeChat sind wir sofort verbunden und die neue deutsche Bekannte schickt mir gleich zwei Einladungen zu Weihnachtskonzerten, die sie organisiert. Ich freue mich über alle Kontakte und werde mich bei allen melden.

25. Oktober

Der Alltag, den ich sehr gerne mag, hat mich wieder. Ich gehe jeden Tag in die Arbeit. Auf dem Weg dorthin grüße ich weiterhin die Frau auf dem Boot, die immer noch täglich Blätter aus dem Fluss fischt. Ich habe mich in der Arbeit sehr gut integriert. Die Teams in China werden derzeit neu strukturiert, neue Bonussysteme und Trainingsprogramme werden entworfen. Weitere wichtige Themen werden der Aufbau einer Datenbank und deren Pflege sowie der Austausch über verschiedenen Marketinginstrumente sein. Hier kann ich meine Erfahrungen aus Deutschland einbringen, um den Kollegen Ideen und Eindrücke zu geben, die sie eventuell in ihre Arbeit einfließen lassen können. Der Austausch unter uns Kollegen funktioniert wirklich ausgezeichnet.

26. Oktober

So lustig! „Annette, möchtest du einen Snack?" Meine Kollegin kam am Nachmittag zu mir, um mir einen etwas zu essen anzubieten.

Am Nachmittag einen Snack? Aber selbstverständlich! Schnell mache ich mir ein Tässchen Kaffee dazu und freue mich. Ich gehe natürlich davon aus, dass es etwas Süßes am Nachmittag ist. Nachdem ich nicht lesen kann, was auf der Verpackung steht, packe ich das Teilchen aus und beiße herzhaft hinein. Diese Geschmacksexplosion in meinem Mund lässt sich schwer beschreiben, es werden alle Nerven angeregt, die einen süßen Geschmack erwarten, gleichzeitig jubilieren alle Geschmacksnerven, die unerwartet in den Genuss eines sauer-salzig-geleeartigen gepökelten Entenflügels kommen …

10. Eigenverantwortung muss gelernt sein

27. Oktober

Was mich momentan etwas nervt, ist die Tatsache, dass ich komplett für alles zuständig bin. Ich vermisse es, Verantwortung teilen zu können. Um alles muss ich mich selbst kümmern: Ist der Pass dabei, das gebuchte Ticket, die Reservierungsbestätigung und, und, und …? Ich fliege heute für fünf Tage nach Hongkong, um endlich mein Visum zu bekommen. Eigentlich hatte ich mich gefreut. Doch momentan fühle ich mich wieder sehr einsam. Es gibt niemanden, mit dem ich das Ganze teilen kann. Ich hätte meine Familie so gerne dabei!

30. Oktober

Ich bin am Flughafen und freue mich einerseits auf Hongkong, andererseits geht es einmal mehr um mein Visum. Eine never ending Story, so scheint es mir. Diese Belastung mit den veränderten Vertragsinhalten beziehungsweise dem neuen chinesischen Vertrag, dem Ruhendvertrag in Deutschland, das alles belastet mich sehr. Ich hoffe, es wird keine großen Konsequenzen in Sachen Steuern, Sozialversicherung oder Rentenversicherung mit sich bringen. Ich habe ein Gefühl der Machtlosigkeit, wie soll ich das aus der Ferne beurteilen können? Irgendwann wurde ich vor vollendete Tatsachen gestellt: Zurück nach Hause oder in China bleiben und den chinesischen Vertrag unterschreiben. Ich habe mich entschieden in China zu bleiben und den Vertrag zu unterschreiben. Ich hoffe, es war die richtige Entscheidung. Wie dem auch sei, jetzt sitze ich hier in Nanjing am Flughafen und warte auf meinen Flug nach Hongkong. Wir haben vier Tage eingeplant und ich habe noch das Wochenende privat dazu genommen. Ich freue mich auf Hongkong, denn es begleitet mich seit meiner frühsten Kindheit.

30. Oktober

Doch, ich liebe Hongkong. Auch wenn ich lieber mit meiner Familie hier wäre. Ich war bisher noch nie ohne Begleitung in Hongkong: früher mit meinem Vater und meinem Bruder, letztes Mal mit meinem Mann und meinen Kindern. Es war immer jemand dabei, mit dem ich die Erlebnisse teilen konnte. Aber trotzdem es ist auch diesmal wunderschön, alles so wie immer. Ich fahre mit dem Taxi zum Hotel. Nachdem ich eingecheckt habe und die Visabehörde erst am nächsten Vormittag öffnet, arbeite ich online von meinem Hotelzimmer. Am Abend fahre ich mit der Straßenbahn durch Hongkong, sauge alle Eindrücke in mich auf. Mit der Star Ferry geht es nach Kowloon, die Nathan Street auf und ab, ich bummle durch die Märkte und esse schließlich im Freien auf einem chinesischen Markt. Spät nachts komme ich zurück ins Hotel und bin ganz erledigt. Am nächsten Tag stehe ich früh auf und möchte gleich in die Behörde gehen. Ich weiß, dass es dort sehr lange Schlangen gibt und es Stunden dauern kann, um seinen Antrag abzugeben. Ich bin zwar eine der ersten, die an diesem Tag beim Büro ankommt, und trotzdem dauert es einige Stunden, bis ich meinen Antrag abgeben kann. Ich zittere, ob ich alle Unterlagen korrekt zusammengestellt habe. Es ist möglich, dass etwas falsch ausgefüllt ist, falsch übersetzt wurde oder, oder, oder ... Ich spüre Machtlosigkeit gegenüber der Behörde und hoffe fest, dass dieser erste Schritt unproblematisch ist. Ob mein Visum dann verlängert wird, ist eine andere Sache. Es läuft fast ohne Verzögerung. Ich werde nochmals weggeschickt, aber nur weil ich nicht mit Kreditkarte zahlen kann, sondern bar zahlen muss. Das wusste ich nicht. Die Beamtin ist sehr nett und erklärt mir, wo die nächste Bank ist, wo ich Geld abheben kann. Ich versuche, mir genau einzuprägen, wie sie mir den Weg beschreibt, lost in Hongkong muss jetzt nicht sein. Wobei es in Hongkong anders ist als in Nanjing. Als ehemalige britische Kolonie spricht hier jeder Englisch und alles ist in Englisch ausgeschildert, hier ist es wesentlich einfacher sich zurechtzufinden. Ich gebe meinen Antrag ab, jetzt heißt es warten, ob alles gut läuft.

Solange ich warte, nutze ich die Zeit und melde mich bei einem langjährigen Bekannten meiner Mutter. Er ist der Vater der Familie, bei der meine Mutter als 20-jährige junge Frau in London als Au-Pair-Mädchen gearbeitet hat. Eine chinesische Familie, die für ein paar Jahre in London lebte und dann wieder nach Hongkong zurückgezogen ist. Er hat zufälligerweise vor Kurzem bei meiner Mutter angerufen und ihr seine Telefonnummer gegeben. Ist das nicht ein irrer Zufall, nach so vielen Jahren? Ich rufe ihn einfach an. Wie war das: Was kann denn schon passieren? Er kann sagen, war nett, dass du dich gemeldet hast oder er kann sagen, oh da freue ich mich sehr, komm, lass uns treffen. Letzteres passiert, er freut sich sehr. Inzwischen 92jährig verabredet er sich mit mir zum Mittagessen! Ist das nicht nett? Er holt mich im Hotel ab. Und wir fahren zu seinem Sportclub, in dem er seit über 50 Jahren Mitglied ist, zum Mittagessen. Ein unglaubliches Gefühl, neben ihm in Hongkong zu sitzen. Ich kenne ihn von vielen Erzählungen meiner Mutter und er hat uns in Deutschland zwei Mal besucht. Wir unterhalten uns sehr gut, es ist ein vertrautes angenehmes Gefühl. Ein total nettes Mittagessen. Am frühen

Nachmittag begleitet er mich mit seinen 92 Jahren durch die halbe Stadt, um mir eine bestimmte Bushaltestelle zu zeigen. Von dort geht der Bus zu den Stränden bzw. zum Stanley Market, einem recht bekannten chinesischen Markt. Er meint, es sei ein wunderschöner Ausflug, ich solle mich im Doppeldeckerbus auf die rechte Seite bei der Hinfahrt und auf die linke Seite bei der Rückfahrt setzen, da sei der Ausblick am schönsten. Wie entzückend und aufmerksam. Ein bisschen wehmütig bin ich schon, als ich überlege; unser letztes Treffen war tatsächlich, ich rechne nach, vor 40 Jahren. Er hat uns damals in Augsburg zusammen mit seiner Frau besucht und für uns sweet and sour pork gekocht. Wie bemerkenswert, genau dieses Gericht hat er auch heute als Erinnerung an unsere letzte Begegnung bestellt. Mein Gott, ist das alles lange her! Ich mache mir einmal mehr bewusst, jeden Tag zu genießen zu wollen und all das, was man erleben darf!

Da ich noch keine Rückmeldung aus der Visabehörde erhalten habe, arbeite ich wieder weiter von meinem Hotelzimmer aus online und kann dann am Abend die beschriebene Bustour machen. Ich bin unserem Bekannten sehr dankbar für den Tipp, denn der Ausflug ist wunderbar. Ich plane, diese Tour am Wochenende zu wiederholen und einen ganzen Tag am Strand zu verbringen.

30. Oktober

Heute Morgen beim Frühstück habe ich ein Erlebnis, das sich mir einprägt: Gegenüber an einem Tisch sitzt eine Frauengruppe. Sie scheint mir bunt zusammengewürfelt zu sein, woher kommen sie? Eventuell Indien? Thailand? Mit ihren Schals, Hüten, Turbanen, langen Haaren, kurzen Haaren, großen Ohrringen, geschminkt, ungeschminkt, verhüllt eingekleidet, schick gekleidet, laut, lustig, auffallend, muten sie ganz ungewohnt an. Was für eine Truppe, jede Frau individuell und für sich selbstbewusst! Das hat mir gut gefallen, das nehme ich auch mit.

02. November

Nach drei Tagen die erlösende Mitteilung: Ich kann mein Visum bei der Behörde abholen. Alles ging in Ordnung. Ich bin so erleichtert, kein neues Problem. Ich nehme noch einen Tag zusätzlich Urlaub und erkunde Hongkong weiter. Ich sauge die Atmosphäre, die Gerüche, Geräusche, alles auf und unternehme so viel als möglich zu Fuß, per Schiff oder mit der Straßenbahn. Aberdeen, Pferderennbahn, Lichtershow, Märkte, Shopping Malls, Strand. Ich glaube, mehr geht kaum.

12. November

Inzwischen ist wieder viel passiert. Als ich am Mittag aus Hongkong zurückkomme, ruft mein Chef an, dass wir am Abend nach Wuhu zu einer Veranstaltung fahren. Ich kehre schnell in mein Apartment zurück, packe meinen Koffer um und sitze am Abend im Zug Richtung Wuhu. Ich fühle mich gut und freue mich auf die kommenden Tage mit meinen Kollegen. In Wuhu, einer diesmal wirklich kleinen Stadt mit nur 3 Millionen Einwohnern, treffen wir uns mit den Kollegen im Hotel. Wir fahren gemeinsam auf das Messegelände und beobachten den Messeaufbau. Dann trennen sich unsere Wege, auch diesmal übernachten die Kollegen in einem anderen Hotel als mein Chef und ich. Ein komisches Gefühl für mich, denn wir sind doch ein Team. Unser Hotel ist absolut chinesisch, mit sehr chinesischem Abendbuffet, sehr chinesischer Einrichtung und sehr chinesischer Atmosphäre. Ich mag es, schließlich sind wir in China. Viele der großen Hotelketten sind ja überall auf der Welt mehr oder weniger gleich – wie Starbucks. Auch das Frühstück am Morgen überbietet sich selbst mit einem großen chinesischen Frühstücksbüfett. Insgeheim halte ich dennoch ein klitzeklein wenig Ausschau, ob es irgendwo ein kleines Stückchen Brot, Butter, Marmelade, Wurst oder Käse gibt, aber nichts davon kann ich entdecken. Ist aber auch vollkommen in Ordnung. Ich bin schließlich immer noch in China! Also esse ich mit gutem Appetit und möchte natürlich von allem probieren: Reissuppe, warmes Gemüse, Hähnchen, Ente, Rindfleisch, Fisch, Nudeln, Auberginen und vielem mehr, es schmeckt göttlich.

Nach dem Frühstück geht es direkt zur Veranstaltungseröffnung. Hier in Wuhu werden alle Straßen komplett für das normale Publikum abgesperrt. Es darf niemand sonst auf das Gelände, denn es haben sich der Bürgermeister der Stadt und noch ein anderes politisches Parteimitglied angesagt. Erschreckend oder faszinierend, wie konsequent für die Politikprominenz alles abgesperrt wird, es gibt kein Durchkommen, zunächst sogar auch für uns Mitveranstalter nicht.

Als wir schließlich auf das Gelände dürfen, erfolgt direkt die pompöse Eröffnungsveranstaltung mit Tanz, Show und Feuerwerk, bei dem sich, angesichts der Sicherheitsvorkehrungen, unsere Feuerwehr die Haare gerauft hätte. Im Anschluss geht es mit einem kleinen Zug über das Messegelände. Ich bin beeindruckt von der Organisation und den Messehighlights. Am Abend findet ein typischer Ausstellerabend für ungefähr 150 Firmen statt. Wir decken die Tische vorher gemeinsam ein und organisieren wieder das sogenannte

Lucky-Draw-Spiel, bei dem jeder Gast ein Los bekommt.

Es wird ein sehr stimmungsvoller Abend, den Gästen gefällt es gut. Es ist unglaublich, welche Mengen an Schnaps getrunken werden. Auch hier sind wieder die Wassergläser voll mit Schnaps, einmal zugeprostet und schwupps, ausgetrunken, das ganze Glas wohlbemerkt. Schlag auf Schlag wird das Essen serviert, die Tische bersten unter den vielen verschiedenen Gerichten. Auch die Geräuschkulisse ist unglaublich. Der Lärmpegel ist so hoch, dass man sich kaum verständigen kann. Was mir hier besonders auffällt, sind das Rülpsen und Schmatzen. Dass es in China normal ist, weiß ich aus Erfahrung und habe ich im Reiseführer gelesen. Mir ist es nur noch nie so stark aufgefallen wie bei dieser Veranstaltung. Vielleicht kommt es daher, da sich die Aussteller nahezu alle kennen und eine sehr vertraute Atmosphäre herrscht. Ich finde es lustig und beschließe nach dem nächsten Gericht auch zu rülpsen. Schließlich will ich doch dazu gehören. In Deutschland werde ich dann natürlich wieder darauf verzichten (müssen).

Sobald alle fertig gegessen haben, wird Lucky Draw gespielt. Die große Verlosung beginnt. Sobald das letzte Los gezogen wurde, endet der Abend abrupt. Alle stehen, wie auf ein Signal, sofort auf und gehen. Das habe ich noch nie erlebt, innerhalb von fünf Minuten ist der Raum leer. Mir fällt immer wieder auf, dass das gesellige Beisammensein vor oder nach dem Essen keine große Rolle spielt. Ich hatte ja schon ganz am Anfang darüber berichtet, als in der Kantine alle sofort nach dem Essen aufgestanden und gegangen sind. Inzwischen haben wir uns übrigens in den Gewohnheiten angenähert, ich esse schneller und die Kollegen bleiben länger sitzen.

Am nächsten Morgen besuchen wir noch eine andere Veranstaltung in einem sehr großen, imponierenden Hotel zum Thema Tourismus und Sport. Auch hier erscheint wieder einiges überdimensioniert. Ein riesiger Saal für tausende Gäste, mit einer unglaublich großen Leinwand. Der vordere Bereich ist mit unzähligen Ledersesseln für die Politprominenz reserviert, die alle einzeln von puppenhaft schönen Hostessen betreut werden. Ich bin wirklich beeindruckt.

Am Mittag kehren wir wieder zurück nach Nanjing. Nach über einer Woche bin ich froh, wieder hier zu sein. Ich freue mich diesmal tatsächlich über den Sonntag, an dem ich zuhause bleiben und dem Nichtstun frönen kann.

11. Regularien in China

13. November

Meine Laune gelangt urplötzlich wieder auf einen Tiefpunkt. Statt darin zu verharren überlege ich diesmal genau, warum, und komme sehr schnell auf die Ursache: Es ist die Tatsache, dass ich in China ein Bankkonto aufmachen muss, da mir mein Lohn künftig ja nun nach China überwiesen wird. Es geht schon damit los, dass ich nicht ohne Hilfe meiner Kollegin mit der Bank kommunizieren kann. Wir fahren also gemeinsam hin, warten zwei Stunden, kommen endlich an die Reihe und stellen fest, dass ein Formular fehlt. Wir müssen also wieder zurück, das richtige Formular besorgen und einen zweiten Termin vereinbaren. Bereits jetzt ist meine Geduld schon strapaziert, außerdem muss ich erneut die Zeit meiner Kollegin beanspruchen. Auch wenn sie mir versichert, sie helfe mir wirklich sehr gerne und alles sei kein Problem, habe ich ein schlechtes Gewissen ihr gegenüber. Beim zweiten Mal warten wir zwar kürzer, aber das Prozedere am Bankschalter dauert dafür umso länger. Als mein Konto schließlich angelegt ist, bemerke ich, dass das Konto auf einen Namen läuft, der sich sehr interessant zusammensetzt: Aus meinem Pass wurden alle zwei Vornamen, der Geburtsname und mein

Doppelname aneinandergereiht und ergeben meinen Kontonamen. Im ersten Augenblick lache ich darüber, ahne aber noch nicht, wie viel Ärger mir das an den Bankautomaten bereiten wird.

Als das Konto endlich eröffnet ist, frage ich, wie ich denn nun das Geld von China nach Deutschland überweisen kann. Meine Kosten in Deutschland laufen ja weiter und ich muss mein deutsches Konto mit Geld versorgen. Tja, was innerhalb Europas einfach geregelt ist, dank SEPA, stellt sich in China für mich als eine wirklich große Sache heraus. Man spricht immer so leicht, dann machst du eben ein Bankkonto auf bekommst das Geld dorthin, dann geht das schon. Von wegen! Eine Auslandsüberweisung für eine Ausländerin ist megakompliziert. Das erklären mir sogar all meine Kollegen unisono. Es werden so viele Unterlagen, Dokumente, Papiere benötigt, ich habe keine Ahnung, wie und wo ich diese besorgen könnte. Außerdem kostet das Ganze noch zusätzlich hohe Überweisungsgebühren und es darf nur immer eine bestimmte Summe überwiesen werden. Also muss eine andere Lösung her, aber welche? Das Geld abheben und meiner Familie, wenn sie Weihnachten zu Besuch kommt, mit nach Deutschland geben, um es dort umtauschen zu lassen? Wäre zwar grundsätzlich eine Möglichkeit, doch das geht auch wieder nur bis zu einer gewissen Summe. Außerdem kann man in Deutschland nicht einfach ein paar tausend Renminbi (RMB) umtauschen. Auch das ist genau geregelt. Guter Rat ist also teuer, passt ja zum Thema. Meine Firma ist sehr bemüht, eine Lösung zu finden, doch wer hätte damit im Vorfeld gerechnet? Niemand! Ratlosigkeit breitet sich aus und bringt das Fass an diesem Tag zum Überlaufen. Ich muss Frust ablassen und gehe nach der Arbeit in meine kleine Shopping Mall, dort hat jüngst eine kleine französische Bäckerei aufgemacht. Ich will westliches Frustessen. Hoffentlich habe ich Glück! JA: Ich bin entzückt und mache einen Großeinkauf: Knoblauchbaguette, Rosinenschnecken, kleine Schokoladen, abgepackter Schinken, Butter und Käse. Mein Herz jubelt, ich packe alles ein und renne fast schon nach Hause. Am Tisch breite ich die Schätze vor mir aus, arrangiere alles liebevoll, schließlich will ich mir etwas Gutes tun, stelle die Wasserkaraffe bereit und gebe mich dem Schlemmen hin.

Währenddessen überschlagen sich meine Gedanken und spannen den Bogen von der Kontomisere weiter: Ich kann diese Flut an Regulierungen und Vorschriften nicht mehr ertragen. Egal, was ich mache oder will, es gibt immer Bestimmungen, die ich einhalten muss, Dokumente, die es auszufüllen gibt, Fingerabdrücke, die wieder und wieder abzugeben sind, ständig in Kameras schauen und Bilder speichern lassen und, und, und … Wie lange ich mich mit diesem ständig Überwachtwerden noch abfinden kann, weiß ich nicht. Es sind Kameras immer und überall. Am Anfang dachte ich noch an ein Gefühl der Sicherheit, insbesondere, wenn ich alleine durch die Straßen am Abend gehe, da ja überall Kameras sind. Auch die Polizei bzw. Sicherheitsleute stehen an jeder Straßenecke, in Geschäftszentren oder im Verkehrsgeschehen.

Momentan empfinde ich es nur noch als unglaublich lebensbeeinträchtigend, dass ständig irgendjemand Informationen über mich und mein Leben und das, was ich tue oder nicht tue, bekommt. Egal, ob ich mich ausweisen muss oder ob ich von den unzähligen Kameras, die überall, auf jedem Weg, jeder Straße, jedem Laden, einfach überall sind, beobachtet werde. Es geht mir an und auf die Nerven, dass man nur mit WeChat bezahlen kann, an jeder Imbissbude, an jedem Getränkeautomaten, im Fingernagelstudio, auf dem Markt, egal, wo, ich kann überhaupt nicht mehr bar oder mit Karte bezahlen. Ich muss mich überall registrieren lassen, alle Daten angeben und werde von Kopf bis Fuß untersucht und erfasst. Ich fühle mich als gläserner Mensch.

Und es geht weiter in meinen Gedanken. Wenn ich schon beim Schimpfen bin, dann schimpfe ich weiter über die Autofahrer, die sowas von rücksichtslos auf der Straße sind, die mich als Fußgänger komplett ignorieren und wahrscheinlich am liebsten überfahren würden. An den Elektromopeds macht niemand am Abend ein Licht an, um Strom zu sparen, man hört und sieht die Dinger nicht. Außerdem vermisse ich meine kleine überschaubare Welt, in der maximal zehn Leute an Bushaltestellen stehen und nicht zehntausend.

Während mir all das durch den Kopf geht, futtere ich meine gesamten Schätze auf und es tut sooo gut. Alles ist verputzt, das gedankliche Dampfablassen und meine innere Unzufriedenheit sind vorbei und der Frust ist auch besser.

14. November

Die Lage hat sich wieder etwas normalisiert. Mein Befinden kehrt in den Normalzustand zurück. Am Wochenende arbeite ich, eine Ausstellung steht auf dem Programm. Meine Chefs aus der Heimat haben sich angekündigt. Ich freue mich richtig darauf. Alles läuft prima, die Messehallen sind voll. Ein ausgeklügeltes Prozente- und Prämiensystem lockt die Besucher in Scharen. Am meisten freue ich mich über meinen Chef aus Deutschland. Es ist zwar nur ein kurzes Treffen, da er in der Kürze der Zeit viele Termine wahrnehmen muss, doch ist die Begrüßung sehr herzlich und das Update aus der Heimat interessant.

Am Sonntagabend fragt mich meine Kollegin, ob ich noch Lust habe, mit ihr und ihrer Familie ins Kino zu gehen. Aber selbstverständlich gehe ich mit. Im Prinzip ist hier nichts anders als bei uns. Höchstens, dass man Milktea zu den Popcorns bestellt. Der 3D-Film hat englische Untertitel und ist recht amüsant. Ein sehr netter Abschluss des Arbeitstages.

12. Friseurbesuch der anderen Art

15. November

Nein, es ist unglaublich, schon wieder passiert etwas! Mit Schmunzeln muss ich daran denken, aber in der Situation an sich wird mir ganz komisch: Ich bin beim chinesischen Friseur! Ein Erlebnis der besonderen Art. Ich will eigentlich nur den Ansatz meiner langen dunklen Haare etwas nachtönen lassen, da die grauen Haare, … altersbedingt … nachwachsen. Aus Erfahrung klüger geworden im Lauf der Wochen, habe ich extra wieder einmal meine liebenswürdige Arbeitskollegin gefragt, ob sie einen guten Friseur kenne und mich begleiten würde, um genau zu erklären, was ich will. Der Auftakt des Abends ist sehr gelungen, sie lädt mich zu sich in die Wohnung ein. Das Hausmädchen kocht extra ein ganz besonders Abendessen. Wir sitzen zusammen mit ihrem Sohn um den Tisch. Er ist sehr stolz, dass er in der Schule Englisch lernt und es entsteht eine kleine Konversation. Gegen 19:30 Uhr steht der Friseurtermin auf dem Programm. Die Öffnungszeiten sind hier anders als bei uns. Nachdem sie dem Friseur alles erklärt hat, läuft eigentlich alles wie von zuhause gewohnt. Die Farbe am Ansatz auftragen, einwirken lassen, auswaschen. Etwas stutzig werde ich, als er nach dem Waschen nochmals anfängt, Farbe aufzutragen. Und diesmal nicht nur am Ansatz, sondern auf dem ganzen Kopf. Das irritiert mich und auf meine Nachfrage hin wird mir mitgeteilt, dass meine Haare unterschiedliche Farben hätten und er würde gerne eine einheitliche Farbe schaffen. Nach dreieinhalb Stunden, die er nur damit verbringt, immer wieder eine Haarpartie zu bearbeiten, fragte ich nach, was denn mit den anderen Haaren sei. Er antwortet, alles kein Problem, sie würden wunderschön und einfarbig danach sein. In diesen geschlagenen dreieinhalb Stunden nimmt er immer wieder einzelne Haare, begutachtet sie, diskutiert mit einem Kollegen und bepinselt sie mit Farbe. Als es dann kurz vor Mitternacht ist, beginnt meine Kopfhaut zu brennen. Er beginnt, Teile meines Haares zu waschen. Das Brennen wird immer stärker und schließlich so stark, dass ich darum bitte alles abzuwaschen – jetzt. Kurz nach Mitternacht sitze ich endlich beim Föhnen und sehe meine Haare zum ersten Mal im Spiegel. Ich denke, ich muss tot vom Stuhl fallen. Das Ergebnis von fast vier Stunden ausharren, pinseln und diskutieren ist, dass ich zweifarbig bin – in Worten: ZWEI. Im vorderen Bereich rabenschwarz, die typisch chinesische Haarfarbe, und im hinteren Bereich meine natürliche dunkelblonde Farbe. Das Entsetzen ist allen anzusehen. Der Friseur bietet mir sofort an, mich umzufärben, was ich dankend ablehne. Das Risiko ist mir zu hoch. Womöglich möchte er die Farbe „neutralisieren“ und dann bin ich plötzlich strohblond oder mir fallen die Haare aus oder was auch immer … Ich hoffe von Herzen, dass die Haare wirklich nicht gefärbt, sondern nur getönt sind und die Farbe sich schnell wieder herauswäscht. Aber vor allem, dass meine Haare und die Kopfhaut diesen chinesischen Friseureingriff überhaupt überstehen und sich wieder regenerieren werden!

18. November

Schlechte Laune am Morgen, doch ich bin ja selbst schuld. Jeden Tag wache ich auf und hoffe, dass über Nacht ganz viele Nachrichten eintreffen. Klar, alle haben in der vergangenen Nacht in Deutschland nur auf meine Mails und WeChat Nachrichten gewartet und entsprechend geantwortet. Pustekuchen! Natürlich kann keiner wissen, dass ich meinerseits jeden Morgen sehnlichst darauf warte, Nachrichten zu bekommen, und natürlich kann keiner ständig nur an mich denken. Es ist wie Post oder Anrufe zu bekommen oder Kontakt zu anderen haben. Und hier Kontakte zu haben, ist doch noch immer nicht täglich der Fall. Aber wie gesagt, selbst schuld, unrealistische Erwartungen, an manchen Tagen schaue ich ja auch mal etwas mehr und mal etwas weniger auf mein Handy. Schlimm wäre es nur, wenn die Technik versagt, dann wäre ich ganz schön verlassen! Aber im Großen und Ganzen ist ja alles prima, ich freue mich immer, auch wenn nur eine kleine Nachricht da ist. Ich versuche alle, die sich um mich bemühen und an mich denken, mit Nachrichten und Bildern zu versorgen.

Das Thema Visum jedoch möchte ich gar nicht erwähnen. Letzten Freitag war ich wieder auf einer Behörde. Es geht einmal mehr um eine Verlängerung meiner Aufenthaltsgenehmigung. Ich muss diesmal nicht nach Hongkong fliegen, sondern kann es hier vor Ort erledigen. Ich habe eine Betreuerin zur Seite gestellt bekommen, die mit mir von Amt zu Amt zieht, um – mal wieder – alle Unterlagen einzuholen bzw. abzugeben. Bei meinem letzten Amtsbesuch hat sie leider eine Unterlage vergessen. Sie entschuldigt sich zigmal. Doch es hilft alles nichts, ich muss nochmal zu den Behörden. Ein nächster Termin wird gleich vereinbart. Die Zeit, die Mühe, die Kosten, die das alles verschlingt: unglaublich. Da die Stadt so groß ist, bin ich vom Büro zur Behörde und zurück nahezu den ganzen Tag unterwegs.

20. November

Und wieder eine neue Hürde, die es zu überwinden gilt: Man könnte ja nun meinen, da ich mittlerweile ein chinesisches Konto habe, könnte ich nun meine Zahlungen im Alltag darüber laufen lassen. Doch weit gefehlt. Dazu brauche ich erst einen WeChat-Account, der mit dem Bankkonto verknüpft ist. Das heißt, ich muss mich erst bei WeChat registrieren und die Bankkarte dann entsprechend legalisieren lassen. Das Ganze ist natürlich alles nur auf Chinesisch, denn alle Apps, die ich dazu brauche, sind logischerweise chinesisch. Da ist guter Rat teuer. Gott sei Dank habe ich wieder eine nette Kollegin, die sich für mich die Zeit nimmt. Insbesondere die App meines Bankkontos stellt mich vor Schwierigkeiten. Meine Kollegin erklärt mir, wie ich die Funktion aufrufe und welche Zeichen was bedeuten, sodass ich meine Kontodaten in der chinesischen App abrufen kann. Aber das klappt auch nur dann, wenn alles so funktioniert, wie es soll. Gestern kamen zwei Fehlermeldungen und ich konnte nicht weitermachen. Ups! Fatal ist es natürlich auch, wenn man aus Versehen dreimal die falschen Angaben macht, dann wird das Ganze gesperrt und man steht ohne alles da. Dies ist heute geschehen. Ich kann nicht mehr auf mein chinesisches Bankkonto zugreifen. Ich habe drei Mal den falschen Namen eingegeben.

Im Nachhinein weiß ich, dass es natürlich mein neu zusammengesetzter Name aus den Vornamen, dem Geburtsnamen und dem Doppelnamen gewesen wäre. Hätte ich da mal dran gedacht. Hätte, hätte, Fahrradkette.

Also will ich nun als Alternative zu einem Geldautomaten, um mit meiner deutschen Kreditkarte Geld abzuheben. Da die deutschen Kreditkarten wiederum nur bei ganz speziellen Bankautomaten funktionieren, muss ich gezielt wissen, wo einer dieser Automaten ist. Von einem Kollegen kenne ich einen Automaten in meiner Nähe, zu dem ich zu Fuß laufen kann. Was aber passiert heute? Das kann doch nicht wahr sein: Der Automat ist außer Betrieb. Das sind so Situationen, da würde man am liebsten davonlaufen, weil man so machtlos dasteht. Kein Automat, kein Geld, keine Lebensmitteleinkäufe. Ich könnte heulen. Mit Händen und Füßen versuche ich herauszufinden, wo noch einer dieser speziellen Geldautomaten sein könnte. Ich laufe gefühlt Stunden durch die Straßen und finde keinen. Nach außen sieht alles so einfach aus, aber weit gefehlt, die einfachsten Dinge sind übertragen auf dieses andere Land meist sehr komplex, aufwendig und nervenaufreibend. Ich bin kaputt und entnervt. Ich laufe wieder nach

Hause und verschiebe alle Einkäufe auf den nächsten Tag.

21. November

Meine Kollegin schafft es, mein Konto wieder zu entsperren. Ich bin so dankbar.

Ich bin jetzt seit fast drei Monaten hier in China und habe immer noch nicht mein endgültiges Visum. Ich kann nicht beschreiben, wie genervt ich bin. Ich empfinde es als einziges Drama. Seit über drei Monaten bin ich dabei, Dokumente zu beschaffen, diese noch extra aus Deutschland zu besorgen, notariell beglaubigen zu lassen, bringe diverse polizeiliche Bestätigungen und Führungszeugnis bei etc. Ich kann es nicht mehr ertragen. Dazu kommt noch die Tatsache, dass die eine oder andere Unterlage nicht akzeptiert wird, doch noch etwas fehlt oder falsch ist und die ganze Prozedur beginnt von vorne.

26. November

Also, so ausgeflippt bin ich selten. Eigentlich das erste Mal so richtig in China. Ich stehe am Bahnhof und möchte mein bestelltes und reserviertes Ticket abholen. Wie schon beschrieben, geht das nur gegen Vorlage des Passes. Leider habe ich momentan nur eine Kopie, da mein Originaldokument für die Beantragung meines

Arbeitsvisums bei der Behörde ist. Ich hatte am Tag vorher schon so ein Gefühl und fragte extra bei der Kollegin nach, ob man denn ein Ticket auch mit der Kopie des Passes abholen kann. Sie hat dies bestätigt. Heute stehe ich also am Bahnhof, die Zeit ist ausreichend, um noch den Zug zu erreichen, und ich reiche der Dame am Bahnschalter meine Passkopie und die Reservierungsbestätigung. Sie sieht mich böse an, wirft mir einen Schwall chinesischer Sätze an den Kopf und gibt mir die Reservierung samt Kopie meines Reisepasses zurück. In gebrochenem Englisch erklärt sie mir, dass sie mir kein Ticket geben kann, das gehe nur mit echtem Pass. Da steh ich nun in China, habe keine Ahnung, was ich tun soll, kein Mensch kann mir erklären, was ich tun muss. Normalerweise habe ich ja gelernt, entspannt zu sein. Doch diesmal ist die Situation anders. Ich muss den Zug erwischen, denn ich habe einen geschäftlichen Termin in Suzhou und soll pünktlich dort ankommen. Ich rufe meine Kollegin in der Arbeit an und bitte sie um Hilfe. Sie erklärt mir, sie habe mich missverstanden: Man kann ein Ticket, das man online gebucht hat, nur mit einem Originalpass abholen, aber ein Ticket, das man nicht online gebucht hat, kann man auch mit der Kopie eines Passes abholen. Ich denke, mich trifft der Schlag, ich bin so sauer, dass sich mein geballter, angestauter Ärger über sie ergießt. Ich lass mich nicht vom Schalter vertreiben, halte der Beamtin mein Handy vor die Nase und lass meine Kollegin mit ihr auf Chinesisch diskutieren. Das ist meine einzige Chance. Ansonsten, einmal weg vom Schalter, bin ich verloren. Es folgt eine riesige Debatte zwischen meiner Kollegin, mit mir und mit der Dame am Schalter. Es ist ein irres Tohuwabohu, in einem Film wäre das sicherlich eine Szene, bei der sich die Zuschauer vor Lachen den Bauch halten. Hier lacht keiner. Die anderen Fahrgäste in der Schlange hinter mir werden ungeduldig und sauer, dass es bei mir so lange dauert. Ich halte durch und bestehe auf eine Lösung. Letztlich müssen die Tickets, die ich online reserviert habe, storniert werden. Okay?! Wie um Himmels Willen soll ich auf die Schnelle die Tickets online stornieren mit einer chinesischen App, die ich nicht verstehe, und ohne WLAN-Verbindung? Ich fühle mich überfordert, bleibe einfach stehen und lasse meine Kollegin übersetzen, dass ich das nicht machen kann. Wieder eine lange Diskussion, dann – endlich – erbarmt sich die Beamtin und storniert meine beiden Online-Tickets. Aber für die neuen Tickets muss ich dann tatsächlich nochmals an einen anderen Schalter. Dort wieder eine ewig lange Schlange. Das würde ich zeitlich nicht mehr schaffen. Ich mache etwas,

was ich sonst nie tue: Ich drängle mich direkt an den Schalter und lasse alle Schimpftiraden der anderen Gäste über mich ergehen. Zum Glück verstehe ich sie sowieso nicht. Der Beamtin versuche ich zu erklären, worum es geht, und deute immer auf ihre Kollegin, die ihr die Hintergründe erläutern soll. Kaum zu glauben, aber nach insgesamt anderthalb Stunden und einem gefühlten Magengeschwür halte ich zwei neue Tickets in der Hand. Die Zeit ist sehr knapp, aber irgendwie schaffe ich es und sitze noch rechtzeitig völlig erledigt im Zug. Meine nächste Befürchtung ist, dass auch das Hotel, in dem ich übernachten werde, keine Kopie meines Passes akzeptiert. Ich schreibe noch meine Kollegin an, die mich meist zu den Behördengängen begleitet, und bitte sie um eine zusätzliche Bestätigung der Behörde, dass mein Pass dort abgegeben wurde. Warum sie mir diese nicht schon vorher gegeben hat, bleibt mir bis heute ein Rätsel. Sie schickt mir diese und ich fühle mich für das Hotel gut gewappnet. Alles klappt dann auch, Gott sein Dank. Eine Sekunde kommt wieder einmal der Wunsch durch, alles hinzuschmeißen und nach Hause zu fliegen. Aber wirklich nur eine kurze Sekunde. Mein Glück ist, dass ich zu einem schönen Event unterwegs bin. Die Firma eines deutschen Bekannten in Suzhou feiert Jubiläum, ich fahre hin, um ihn zu treffen und für einen Messeauftritt seiner Firma zu werben.

27. November

Die zwei Tage in Suzhou zum Firmenjubiläum haben gutgetan. Am ersten Tag gab es ein gemeinsames Abendessen mit dem gesamten Team und anregende Diskussionen. Am nächsten Tag die Zehnjahresfeier, eine sehr interessante Kombination aus europäischen und chinesischen Elementen. Ich nehme viele Eindrücke und Ideen von der Veranstaltung für unsere Events mit. Ich lerne bei all diesen Besuchen so viel Neues kennen. Es ist absolut bereichernd. Ich hoffe, die Firma beteiligt sich bei unserer nächsten Messe und organisiert tatsächlich einen großen Stand. Meine Visitenkarte ist abgegeben, der erste Kontakt mit dem zuständigen Bereichsleiter ist geknüpft. Bevor mein Zug zurückgeht, habe ich noch ein paar Stunden Zeit. Ich lasse mein Gepäck im Hotel, nehme ein Taxi und erkunde noch ein wenig die Innenstadt. Die meisten Sehenswürdigkeiten kenne ich ja bereits von meinem Wochenendausflug im Oktober mit meiner Freundin.

Ich finde einen weiteren entzückenden historischen Stadtkern mit Kanälen und kleinen chinesischen Booten. Es gibt Perlenläden ohne Ende und ich kaufe wunderbare Perlenketten für mich, meine Mutter und meine Tochter. Ohrringe gleich noch dazu, weil alles so schön zusammenpasst. Ob mich die Verkäuferin übers Ohr haut oder nicht, kann ich nicht beurteilen. Ich werde die Perlen auch bestimmt nicht in Deutschland überprüfen lassen. Ich habe Freude daran und trage sie mit Stolz. Die Heimfahrt mit dem Zug ist eine Erwähnung wert. Da nicht ich die Fahrt gebucht habe, sondern die Dame am Bahnhofsschalter, sitze ich jetzt eingeklemmt inmitten vieler anderer sehr mitteilsamer Chinesen. Außerdem ist es ein Zug, der an nahezu jedem Bahnsteig hält, damit zieht sich die Fahrt etwas länger als gedacht. Was soll's, ich bin mal wieder im prallen chinesischen Leben in der schönen Variante. Außerdem wartet zuhause niemand auf mich, ich habe es nicht eilig. Am Ende der Zugfahrt beschließe ich aber doch bei der nächsten Fahrt weitere (umgerechnete) 5 Euro zu investieren. Soviel kostet der Aufpreis für die erste Klasse.

13. Weihnachtszeit in der Ferne

28. November

Dieses Wochenende ist ausgesprochen nett, lustig und sehr kurzweilig. Am Samstag treffe ich die Bekannte von meinem ersten Bahnhofswochenende. Sie ist so lustig, wir verstehen uns wirklich gut. Sie lebt schon seit 25 Jahren hier, ist ein wenig älter als ich und überhaupt vom ganzen Typ mir sehr ähnlich. Sie holt mich mit ihrem Fahrer ab und wir fahren in die Stadt. Wir haben eine Menge Spaß und sie zeigt mir ein paar Besonderheiten oder Läden, in die sie gerne einkaufen geht. Unter anderem fahren wir auch zu ihrem Schneider, der seinen Shop in der chinesischen Näh- und Stoffhalle hat. Leider gibt es ausgerechnet an diesem Nachmittag ein Problem mit dem Licht, sodass ich meine Blazer, die ich mir schneidern lassen möchte, nicht mit dem entsprechenden Stoff aussuchen kann. Als es heißt, ich soll das mit der Taschenlampe tun, bitte ich darum, am nächsten Tag noch mal kommen zu dürfen. Bei Tageslicht sehen auch Farben nochmals anders aus. Was für ein lustiges Erlebnis.

Am Abend fahre ich zu einem Weihnachtskonzert. Die Initiatorin lernte ich im Oktober beim bayerischen Oktoberfest kennen. Ich bin zwar eine Stunde mit dem Taxi unterwegs, will mir dieses

Ereignis aber nicht nehmen lassen. Außerdem war ich noch nie am anderen Ende der Stadt. Ach, vielleicht sollte ich erwähnen, dass Taxi fahren hier, im Vergleich zu europäischen Verhältnissen, extrem günstig ist. Für diese Fahrt zahle ich umgerechnet ca. 10 Euro. Es ist das Weihnachtskonzert der internationalen Schule und ich schmunzle sehr als ich in der großen Sporthalle sitze. Eigentlich hatte ich doch gedacht, dass ich diese Art der Konzerte schon hinter mir hätte. Aufgeregte Eltern um mich herum und singende und musizierende Kinder überall. Die Aufführungen sind sehr, sehr nett und äußerst interessant, da ja Teilnehmer*innen aus aller Herren Länder dabei sind. Kinder, die virtuos auf der Geige oder dem Klavier vorspielen oder gemeinsam Lieder singen. Wobei es total anders ist als zu Hause. Hier singen koreanische Kinder, der amerikanische Chor tritt auf, die japanische Geigerin gibt ein Stück zum Besten, ein internationales, kunterbuntes Durcheinander, ich lerne viel über die Musik, die in anderen Ländern zur Weihnachts- bzw. Festtagstradition gehören. Nach dem Konzert fahre ich wieder eine Stunde zurück, reflektiere in Ruhe das Erlebnis – schließlich fahre ich nicht selbst und kann meinen Gedanken nachhängen – und freue mich darüber, dass ich den kleinen Ausflug unternommen habe.

Für den morgigen Sonntag habe ich meine Kollegen zum Frühstück eingeladen. So ein klein wenig westliches Frühstück, das in Brunch übergeht. Ich habe Kartoffelsalat vorbereitet mit Weißwürsten und Wienerle, eine Käseplatte, eine Wurstplatte, Brot, Butter, Marmelade und noch andere Kleinigkeiten. Die Kollegen bleiben lange und probieren alles ausgiebig. Ob ihnen mein Kartoffelsalat so richtig schmeckt, weiß ich zwar nicht, aber den Versuch war es wert.

Am Nachmittag fahre ich dann tatsächlich noch einmal zum Schneider und suche meine Stoffe aus. Meine neu gewonnene Freundin hat mir die Adresse auf chinesisch aufgeschrieben, sodass kein Palaver mit dem Taxifahrer nötig war. Jetzt bin ich mal gespannt, ich habe mir je eine Jacke aus Seide und eine aus Kaschmir bestellt. Kosten pro Jacke: 70 Euro. Wenn sie gut aussehen und sitzen, wird gleich nachbestellt!

29. November

Die Zeit vergeht im Nu. Es ist in der Arbeit sehr viel los, der Alltag hat mich im positiven Sinn im Griff. In dreieinhalb Wochen wird mich meine Familie besuchen, ich freu mich unbändig. Sehr interessant zu beobachten ist, wie dieser Termin die Zeitrechnung und die Einstellung in meinem Kopf verändert. Mit diesem Ziel vor Augen, sind dreieinhalb Wochen nur eine ganz, ganz kurze Zeit. Mit keinem Ziel vor Augen können dreieinhalb Wochen wahnsinnig lang sein. Bis vor einiger Zeit schien mir das Ende des ganzen Projektes China noch so unerreichbar und in weiter Ferne liegend. Und nur mit diesem Besuch meiner Familie ändert sich eigentlich alles. Ich rechne in ganz anderen Dimensionen, plötzlich scheint Zeit gar nichts mehr zu bedeuten, sie scheint greifbar. Meine Familie bleibt über Weihnachten, dann fliegen wir noch gemeinsam nach Thailand und verbringen somit zwei Wochen miteinander. Mein Mann und Sohn werden dann wieder nach Hause fliegen, meine Tochter bleibt noch eine Weile hier. Ich sitze da und freue mich über meine Berechnungen; jetzt ist es Ende November, das ist ja fast schon Dezember … und im Dezember kommen sie. Das heißt, sie bleiben bis ins neue Jahr und wenn das einmal da ist, dann sind es ja nur noch zwei Monate und dann geht es schon wieder heim. Eigenartig, plötzlich mache ich mir Gedanken um die Rückreise. Erstaunlich, wie man Zeiten „berechnen" kann, aber gut, das kann als Schutz oder Motivation dienen. Eigentlich habe ich jetzt Halbzeit, die erste Hälfte war sehr prägend und intensiv, nie vorher habe ich das Gefühl der Einsamkeit so empfunden, und jetzt? Schon komisch, wie sich die Perspektive, der Blickwinkel verändern können, sei es durch ein Ereignis oder einfach ein Umdenken.

Ganz so gut gelingt mir das Umdenken aber nicht immer, denn wenn ich am Abend zuhause bin und auf Nachrichten oder Anrufe warte, vermisse ich meine Familie doch nach wie vor sehr oder Nachrichten von Freunden und Freundinnen.

Ich verstehe jetzt aber auch, dass es normal ist, dass sich nicht jeder ständig bei mir melden kann, dieser Perspektivenwechsel ist neu für mich. Ich will ihn mir bewahren, um öfter daran zu denken, dass es viele einsame Menschen gibt, die auf einen Gruß, ein nettes Wort warten.

04. Dezember

Obwohl ich wirklich etwas Bedenken hatte vor dem ersten Adventssonntag beziehungsweise Adventswochenende, muss ich sagen, dass ich ein wirklich schönes Wochenende habe.

Auf der Suche nach ein wenig weihnachtlicher Stimmung fahre ich nach Shanghai. Dort ist es einfach internationaler und ich habe die Hoffnung, ein wenig Weihnachtsdekoration etc. zu finden. In Nanjing ist nichts davon zu sehen. Es ist ein wunderbarer sonniger Tag und als erstes gehe ich in das internationale Peninsula Hotel und schaue mir den wundervoll geschmückten Weihnachtsbaum an. Danach führt mich mein Weg ich in den Starbucks Coffeeshop und ich gönne mir einen Christmas Coffee mit viel Zimt und Zucker. So, ich bin ein wenig eingetaucht in weihnachtliche Gefühle und jetzt geht es weiter. Ich laufe, laufe, laufe und entdecke wieder ganz neue Ecken. Das französische Viertel und in einem Park den bekannten chinesischen Hochzeitsmarkt. Dort stehen unzählige Regenschirme, aufgestellt von Eltern, die daran eine Art Steckbrief ihrer unverheirateten Kinder kleben. Ein handgeschriebener Zettel mit den Daten über ihre Kinder: Größe, Alter, Verdienst, Aussehen und so weiter. Verrückt, in einer Stadt der technischen Superlative suchen Eltern mit handgeschriebenen Zetteln nach Ehepartnern für ihre Kinder. Gibt es eigentlich auch in China eine Dating-App? Außerdem besuche ich das Museum von Shanghai, das von der Dachterrasse einen wunderbaren Ausblick bietet und zusätzlich ein internationales Gefühl, allein schon dadurch, dass die Tischchen mit Messer und Gabel eingedeckt sind und nicht nur mit Stäbchen. Im Normalfall bin ich ganz klar für Stäbchen in China, nur momentan brauche ich ein klitze-klitzeklein wenig westliches Gefühl. In einer Atmosphäre mit Messer und Gabel und einem europäischen Essensangebot fühle ich mich einfach zuhause. Ich gestehe es … Ich weiß, das klingt nicht sehr international und nicht sehr open minded, aber nach so langer Zeit in China empfinde ich momentan so.

05. Dezember

Am Adventssonntag besuche ich eine Freundin, die mich zu sich nach Hause eingeladen hat. Ich verstehe mich wirklich sehr gut mit ihr und wir haben immer eine Menge Spaß. Heute backt sie herrlichen Flammkuchen und wir trinken Glühwein. Danach hat sie eine Überraschung für mich. Wir gehen zusammen zum Weihnachtsmarkt der internationalen Schule. Es ist wundervoll. Eine Hand voll weihnachtlich dekorierter Buden lädt die Besucher zum Umsehen ein, eine kleine Band spielt auf der Posaune Weihnachtslieder, sogar der Duft von Bratwürsten zieht durch die Luft. Die internationale Schule ist bereits seit 25 Jahren hier, was sich natürlich bemerkbar macht. Sie hat einen sehr westlich geprägten Freundeskreis und als Standort ein schnuckeliges Einfamilienhaus, das in westlichem Stil gebaut und eingerichtet ist. Ich verstehe, dass die Kinder mit diesem Umfeld hier gut leben können. Der Spagat zwischen den Welten ist nicht so groß, wenn man von beidem genügend hat. Meine Freundin hat mir Läden gezeigt, wie den deutschen Bäcker oder einen kleinen Feinkostladen mit westlichen Produkten oder den Schneider, bei dem ich mir ja die Jacken machen lasse. Das sind die Entdeckungen, die man nur mit jemandem machen kann, der hier vor Ort lebt und, vor allem, der die gleiche Mentalität und das gleiche Denken hat. Da kann mir jemand sagen, was er will, die europäischen Wurzeln schlagen immer wieder durch beziehungsweise die Wurzeln der Heimat, dort, wo man aufgewachsen ist. Wenn man vertraute Dinge, Gerüche oder was auch immer wahrnimmt, fühlt man sich wohl.

14. Geldsorgen und Hackeralarm

07. Dezember

Gehalt, Geld, China, Deutschland. Diese Stichworte halten mich derzeit auf Trab. Wie gelangt mein Geld vom chinesischen Konto nach Deutschland? Nach wie vor eine spannende Frage. Es ist unglaublich, wie kompliziert das Ganze ist. Allein kann ich eine solche Überweisung definitiv nicht tätigen. Ich brauche außerdem zig Dokumente, wie z.B. eine Einkommensbestätigung, eine Arbeitsbestätigung, eine Kopie des Visums, eine Bestätigung der Bank, eine Bestätigung über meine Steuerzahlung, eine originale Kopie des Passes und das Original des Arbeitsvertrags. Das alles brauche ich, um nur eine einzige Auslandsüberweisung durchzuführen. Mir brummt der Kopf. Ich sollte noch erwähnen, dass ich die Steuerbestätigung erst zwei Wochen nach Erhalt meines Gehaltes bekomme. Heißt also für mich, erst zwei Wochen nach Eingang des Gehalts auf dem Konto am Monatsende kann ich nach Einholen der ganzen genannten Dokumente eine Überweisung tätigen. Alles ganz einfach und alles kein Problem, wenn man in Deutschland ist, so scheint es mir aus der momentanen Perspektive. Eine andere Möglichkeit wäre, jeden Tag eine begrenzte Summe abzuheben und in Euro umzutauschen.

Wie gesagt, begrenzt und bis ich mein ganzes Geld abgehoben habe, hieße das, ich gehe jeden Tag in der nächsten Zeit zur Bank, hebe eine gewisse Summe ab, gehe wieder zur Bank und tausche um und zahle noch jedes Mal Umtauschgebühren. Nein, keine gute Lösung. Ach, das Leben in China kann so einfach sein … Die Kollegen haben mir noch eine andere Version vorgeschlagen: Das Geld auf das Konto der Putzfrau überweisen, denn da sie ja eine Chinesin ist, geht das ohne Probleme. Sie könnte es mir dann auf mein Konto nach Deutschland überweisen. Na, das sind ja lustige Ideen. Ich verstehe die Gesamtzusammenhänge nicht wirklich. Nein danke, da suche ich mir lieber eine andere Lösung. Ich habe nichts anderes im Kopf, als darüber nachzudenken, wie ich jetzt an mein Geld komme, beziehungsweise wie das Geld in Euro umgewechselt wird und es auf mein Bankkonto nach Deutschland kommt. Letztlich scheint sich eine Lösung anzubahnen, aber noch bin ich nicht überzeugt. Ich glaube es erst, wenn ich das Geld in Händen halte, beziehungsweise auf meinem Konto in Deutschland als Zahlungseingang sehe.

09. Dezember

Was ist denn jetzt los? Was passiert eigentlich noch alles?! Meine Konten werden gehackt, das kann doch jetzt nicht wahr sein! Unbekannte Abbuchungen von Amazon, von meinem Account getätigte Verkäufe bei eBay …! Mir wird schlecht … und das in China ! Ich wünsche es keinem. Im ersten Moment bin ich völlig geschockt und hilflos. Ich habe es mehr oder weniger per Zufall entdeckt.

Ich erhielt Nachrichten über Aktivitäten auf eBay, löschte diese aber zunächst fälschlicherweise als Spam, da ich ja wusste, dass ich zu diesem Zeitpunkt nicht auf eBay aktiv war. Irgendwann wurde ich aber stutzig und schaute intuitiv auf mein Amazon-Konto. Wenn eBay so komische Nachrichten verschickt, überlegte ich, dann schau ich mal bei Amazon, ob sich da auch etwas tut. Ich dachte, aus allen Wolken zu fallen. Verschiedene Abbuchungen waren über meinen Account gelaufen, Einkäufe über ganz komische Dinge. Ich checkte dann sofort mein eBay-Konto und auch hier war ich entsetzt. Über mein Konto wurde ein Fernseher verkauft und diverse andere Dinge wurden angeboten. Nun, ist man vor Ort in Deutschland und so etwas passiert, ist man sicherlich auch geschockt, weiß sich aber zu helfen.

Mit einigen Telefonaten ist alles geklärt. Aber das Ganze von China aus zu erklären und zu organisieren, das kann sich keiner vorstellen. Ich hänge stundenlang in Warteschleifen und zahle Unsummen an Telefonkosten, um mich erst einmal vorzutasten, was ich nun genau machen muss: Kontakt mit eBay aufnehmen, mit Amazon, mit meiner Bank, mit der Polizei, Konten und Kreditkarten sperren, Widerspruch einlegen, Anzeige gegen Unbekannt stellen ... Ich bin am Verzweifeln. Alles, was nun kommt, braucht unendlich viele Nerven und zum Glück Geduld und Unterstützung meiner Familie.

10. Dezember

Hat jemand schon einmal versucht, aus China mit dem deutschen Apple-Support in Kontakt zu kommen? Es ist nahezu unmöglich. „Bitte kontaktieren Sie uns“, steht zu lesen. Ich mache es und werde von einer telefonischen Fragenflut überrollt. Wehe, wenn man auf ein falsches Knöpfchen drückt oder nicht lange genug wartet, dann fliegt man raus und das ganze Prozedere fängt wieder von vorne an. Endlich bin ich so weit, dass ich mein Problem schildern kann, aber tatsächlich ist die Eingabezeile des digitalen Formulars zu kurz. Ich bekomme die Krise. Es gibt keinen „Senden“- oder „Nachricht weiterleiten“-Button, ich verzweifle. Dann versuche ich wieder über die Telefonnummer in Kontakt zu kommen. Auf der Service-Website werden aber nur 0800-Nummern angeboten, die aber nicht aus dem Ausland erreichbar sind. Wie komme ich dann an Hilfe? Wenn ich direkt über den Kontakt für China gehe, werde ich automatisch mit einem Chinesen verbunden, der mir in diesem Fall leider auch nicht helfen kann. Im Endeffekt muss ich mich nun wieder auf meine Kinder verlassen und ihnen dieses Problem weiterleiten. Ich bitte sie, von Deutschland aus den Kontakt aufzunehmen und mir dann entsprechende Daten weiterzuleiten. Wie macht das eigentlich jemand, der keine Kinder in Deutschland hat? Apple! Bitte schreib doch eine deutsche Telefonnummer auf, die man aus dem Ausland ganz einfach erreichen kann. Das Gleiche gilt übrigens für T-Online, auch hier gibt es nur eine Notfallnummer für Deutschland, aus dem Ausland kann man diese nicht erreichen. Oder ich habe sie zumindest nicht entdeckt.

12. Dezember

In Sachen gehacktes Konto geht es Gott sei Dank positiv voran. So scheint es zumindest.

Ich erhalte mein Geld von Amazon zurück und hoffe, dabei bleibt es. Zusätzlich muss ich einen Widerspruch über die Abbuchungen einlegen und möchte diesen per Einschreiben versenden. Hat das schon einmal jemand aus China gemacht?? Bestimmt nicht, ich auch nicht … Ich schalte meinen Mann ein, er erledigt es für mich. Ich frage mich wieder, wie das jemand macht, der niemanden in Deutschland hat? Nun gut, Widerspruch ist eingelegt. Außerdem erstatte ich Anzeige gegen unbekannt bei der Polizei. Alles auch nicht so ganz einfach aufgrund der siebenstündigen Zeitverschiebung. Auch dies muss schriftlich erfolgen, hier geht es aber via E-Mail.

Wie es bei eBay weitergeht, weiß ich nicht, da ich keine Post erhalte. Ich nehme an, es ist unberechtigterweise eine Umleitung in meinem Account gelegt worden, über die alles lief. Leider komme ich in China nicht in die entsprechenden Einstellungen, um dies rückgängig zu machen. Ich hoffe jetzt einfach, dass alles gut geht und die Verkäufe und Gebote, die jemand an meiner Stelle abgegeben hat, zurückgenommen werden können. Leider erfahre ich später, dass die „Käufer" wohl auf ihren Kosten sitzen bleiben, das tut mir unendlich leid, ich bin aber machtlos.

Bei der Bank bin ich überglücklich, weil die sehr nette Beraterin mir glaubt und unbürokratisch hilft.

Was schwierig bleibt, ist die Tatsache, dass ich meine Kreditkarte sperren muss, die ich überall in China registriert hatte. Sei es für das Anmieten eines Fahrrades, für die Buchung von Zugtickets oder Ähnliches. Die Zeit, bis mir bis die neuen Zugangsdaten aus Deutschland zugesendet werden, heißt es nun zu überbrücken. Das Thema Geld in China wird noch schwieriger …

*13. Dezem*ber

Alles wird gut. Ich habe zum Glück noch etwas Bargeld und kann ja auch von meinem chinesischen Konto abheben. Das Leben läuft wieder einigermaßen normal. Die größeren oder kleineren Sorgen und Probleme habe ich im Griff, die größeren oder kleineren Freuden überwiegen inzwischen. Ich bin viel unterwegs, nicht alleine, sondern mit neuen Bekannten oder mit Kollegen. Ich genieße es.

So war ich zum Beispiel letztes Wochenende bei einer Chinesin eingeladen, die ich bei einer Aktivität der European Chamber kennengelernt hatte. Wir waren in einem typisch chinesischen Restaurant mit verschiedenen abgeschlossenen Räumen für private Feiern. Das Besondere in diesem Restaurant ist eine Bühne, auf der traditionelle chinesische Theater- oder Musikstücke aufgeführt werden. Man kann entweder im Aufführungsraum essen oder in den Séparées. Dort sind Fernseher installiert, auf denen das Bühnengeschehen gestreamt wird. Es ist eine nette Runde, alle sprechen Chinesisch, ich verstehe mittlerweile ein paar wenige Worte, der Chinesischunterricht macht sich bemerkbar, aber es ist absolut zu wenig, um ganze Sätze zu begreifen geschweige denn mitreden zu können. Ich finde die Atmosphäre wunderbar, beobachte die Gestik und Mimik der Leute, aber allem voran zelebriere ich das Essen.

Am nächsten Tag treffe ich mich mit einer anderen Freundin in der Stadtmitte. Unser Kontakt hat sich sehr intensiv und eng weiterentwickelt, wir unternehmen viel zusammen. Sie lädt mich zum morgendlichen Brunch ein, diesmal „western style", zwischendurch schmeckt das herrlich nach Heimat.

Vorgestern war ich mit dem Finanzteam unseres Unternehmens beim Hot-Pot-Essen und es war eine sehr nette Runde. Ich bin beeindruckt davon, welche Nahrungsmittel hierzulande in den heißen Topf kommen. Einige Dinge schmecken vorzüglich, ich weiß bis heute aber nicht was es war. Vielleicht ist es auch besser so.

Und gestern wurde ich von einem anderen Team ebenfalls zum Hot-Pot-Essen eingeladen. Ist das nicht wunderbar? Ich bin überall dabei. Das macht mich glücklich.

Es zeigt sich immer wieder, wie wichtig gemeinsame Essen in China ist. Und es macht viel Freude, diese unglaubliche Speisenvielfalt zu erleben.

Heute geht die Runde endlich an mich. Die Auswahl des Restaurants überlasse ich den Kollegen, sie sollen ihr liebstes Lokal wählen. Es ist ein Dankeschön an meine beiden Kollegen, die mir bei meiner Geld-Gehalt-Problematik geholfen haben. Sie haben sich bereit erklärt, das Geld, das ich verdiene, über ihr eigenes Konto in Euro zu tauschen. Das ist die einfachste Art, an mein Geld zu kommen. Wir müssen das Ganze leider ein paar Mal durchspielen, aber solange sie ihr Geldwechsel-Limit nicht überschreiten, ist das die beste und eine ganz legale Lösung.

14. Dezember

Also, es ist schon ungewohnt, wenn sogar nichts Weihnachtliches zu sehen ist. Man vergisst beinahe, wie traditionell es jetzt in der Heimat ist. Ich kann überhaupt nicht verstehen, warum ich an Weihnachten in Deutschland immer in Weihnachtsstress verfalle. Ich nehme mir fest vor, künftig alles zu entspannen. Warum gerät man eigentlich angesichts des Festes in Stress? Woraus resultiert der Stress? So empfinde ich das aus der Ferne. Ich werde aber trotzdem am Wochenende noch einmal nach Shanghai fahren und nach Weihnachten suchen, offenbar gibt es dort einen großen Weihnachtsmarkt. Wobei ich ja auch schon mit meiner Freundin den kleinen Weihnachtsmarkt der internationalen Schule besucht habe. Das war ausgesprochen nett, diese kleinen, aber feinen Buden.

Apropos Weihnachten, ich habe nun endlich die deutsche Bäckerei hier in Nanjing gefunden und habe für umgerechnet 30 € Weihnachtsgebäck gekauft: zehn Butterplätzchen und einen Stollen. Das teuerste Weihnachtsgebäck meines Lebens, aber das macht nichts, es ist ja für meine Familie gedacht und für eine schöne weihnachtliche Stimmung. Außerdem gehe ich mit einem Arbeitskollegen zu einem chinesischen Markt, der nur Weihnachtsartikel anbietet. Ich bin erschlagen von den Massen und von den Preisen. Die Artikel werden demnächst den deutschen Markt überschwemmen und die Preise werden um ein Vielfaches höher sein als hier. Für umgerechnet 25 Euro kaufe ich eine fast drei Meter hohe künstliche Tanne und zehn vollgefüllte Einkaufstüten mit Weihnachtskugeln, Girlanden, lachenden Rentieren, Nikoläusen und blinkenden Lichterketten. Ich bin im weihnachtlichen Shoppingglück und meine Wohnung verwandelt sich in kürzester Zeit in eine kitschige Weihnachtsoase, ich liebe es und fühle mich wohl.

15. Dezember

Ganz komisch: Plötzlich denke ich mir, es lohne sich nicht mehr, neue Menschen kennenzulernen.

Ich habe das Gefühl, meine Zeit hier sei um. In einer Woche kommt meine Familie, dann verbringen wir zwei Wochen miteinander, meine Tochter bleibt dann noch einige Wochen und dann ist es nur noch ein Monat, den ich hier verbringen werde, also quasi kaum mehr verbleibende Zeit. Umgekehrt habe ich tatsächlich auch den Eindruck, dass ich für andere Leute nicht mehr interessant genug bin, um kennengelernt zu werden. Was eigentlich klar ist. Als ich kam und sechs Monate vor mir hatte, lohnte es sich, einen Kontakt aufzubauen. Aber für acht Wochen ist die Zeit schon sehr begrenzt. Oder vielleicht strahle ich es auch aus? Oder höchstwahrscheinlich beides? Ist schon faszinierend, wie sich die Sichtweise immer wieder verändert. Irgendwie bin ich in Gedanken schon eher in Richtung zurückfliegen und Heimat. Obwohl ganz nüchtern betrachtet doch noch 2 1/2 Monate vor mir liegen. Ist das Gefühl der Einstieg in den China-Ausstieg?

19. Dezember

Ich warte auf meine Familie und je näher der Ankunftstag kommt, desto länger scheint es mir zu dauern. Die vorherrschende Beschäftigung nach meiner Arbeit ist es, in meinem Kopf zehn Mal zu planen, wie das Wetter werden könnte, welche Tour wir wann machen, wo wir essen gehen, wie es wem gefällt und so weiter und so weiter. Ich freue mich so sehr und die Planung macht unheimlich Spaß und gibt mir so viel positive Kraft.

20. Dezember

Es ist so süß! Zwei meiner Kolleginnen haben mir für Weihnachten Geschenke überreicht. Eine Kollegin hat extra für mich und meine Familie für Weihnachten einen Ananas-Kuchen bestellt und ihn mir schicken lassen. Die andere Kollegin überrascht mich mit einer Einladung zum Abendessen und einem wunderschönen Scherenschnitt. Dazu ein selbstgeschriebener und sehr persönlicher Brief. Beide Geschenke berühren mich sehr. Bei allem, was passiert ist, egal, ob positiv oder negativ, der Abschied am Ende wird mir schwerfallen.

15. Meine Familie ist da

21. Dezember

Je kürzer die Zeit bis zum Wiedersehen wird, desto länger scheint sich die Zeit wieder zu dehnen, desto größer wird die Sehnsucht. Seit Tagen kreisen meine Gedanken nur darum, dass meine Familie bald kommt. Ich zähle Stunden, plane, organisiere und kaufe ein. Auf den Wetterbericht schaue ich nicht mehr, mit dem bin ich beleidigt, das Wetter wird angeblich schlecht ... pffff, pfeif drauf. Ich will jetzt endlich alle hier haben, das ist ja schlimm, diese Warterei.

22. Dezember

Ich habe die Nacht kaum geschlafen, vor Vorfreude dieses Mal. Früh am Morgen fahre ich nach Shanghai. Überall um mich tausende schwätzende, spuckende, laute Chinesen, diesmal fällt es mir wieder auf. Ich muss weg, brauche Abwechslung jemanden zum Reden ... Wo seid ihr?!

Bevor ich zum Flughafen fahre, checke ich schon im Hotel ein. Ich habe extra schöne Zimmer reserviert mit Blick auf The Bund und Pudong.

Ich sitze am Flughafen, der Flieger ist pünktlich gelandet, keine Verzögerungen, meine Welt kommt langsam wieder in Ordnung ...

Das Wiedersehen ist unbeschreiblich, einmalig, wunderbar! Es ist eigentlich schwer zu beschreiben, was man empfindet, wenn die Kinder und der Ehemann aus dem Flughafenportal herauskommen, suchend nach einem blicken und man sich findet. Die letzten Meter, bevor sie durch die Absperrung dürfen, das Umarmen, das Weinen, das Lachen, das Wiedersehen, die Freude, die Liebe, die Vertrautheit … Es ist einfach wunderbar und unbeschreiblich! Ich will niemanden mehr loslassen. Es fällt mir schon schwer darüber nachzudenken, dass wir für die Rückfahrt zum Hotel zwei Taxis brauchen, dann würde ich zwei meiner Lieben für ganze 50 Minuten nicht an meiner Seite haben. Zum Glück kommt ein großes Taxi, in das wir alle mit Gepäck passen. Im Hotel klappt alles wunderbar, die Kinder freuen sich über die tollen Zimmer, so wie ich es mir vorgestellt hatte. Gut, das Wetter spielt nicht mit, der Blick ist etwas getrübt und es nieselt, aber in diesem Augenblick ist alles egal. Das Wichtigste ist, dass wir wieder beisammen sind. Den ersten Abend verbringen wir gemeinsam, indem wir eng umschlungen durch die Fußgängerzone bummeln, am The Bund entlanglaufen und in einem wunderbaren chinesischen Restaurant namens „Lost Heaven“ essen – meinen habe ich heute ja gefunden! Die erste Nacht nicht mehr alleine seit vier Monaten war ein ganz besonderes Gefühl. Es war so schön, jemanden an seiner Seite zu haben, den Atem zu spüren und zu wissen, gleich neben mir liegt eine geliebte Person! Oder auch der erste Morgen: Seit vier Monaten wieder aufgewacht mit jemand ganz Besonderem neben mir, ist das nicht wunderbar?! Ich kann immer mehr die Menschen verstehen, die einsam sind. Ich war auch einsam und allein, aber doch hatte ich immer im Hinterkopf, dass ich eine Familie habe!

23. Dezember

Der zweite Tag vergeht wie im Flug. Shanghai in einem Tag anzusehen ist eine Herausforderung. Leider ist es zu bewölkt, um den Blick vom Shanghai Tower zu genießen. Doch wir schauen uns die kleinen ehemaligen Handwerkersträßchen an, die Zickzackbrücke mitten in Shanghai, die Fußgängerzone mit der ersten Markthalle von Shanghai, wir laufen, bis wir nicht mehr können. Später geht es mit dem Zug zurück nach Nanjing. Die Zugfahrt ist angenehm. Ich freue mich, meiner Familie endlich mein Appartement zu zeigen, in dem ich seit vier Monaten lebe. Es ist ein fabelhaftes Gefühl, als mein Apartment plötzlich mit vier Personen belegt ist. Es ist Leben eingekehrt, die Stille ist vorbei, es ist laut, es stehen Schuhe, Koffer, Kleidung herum, ein herrliches Durcheinander. Ich muss lachen, es sieht so aus, wie ich es die letzten 20 Jahre gewohnt bin. Wovor ich vor vier Monaten geflüchtet bin, stellt sich mir jetzt als die schönste Unordnung der Welt dar.

Und es ist so wunderbar vertraut! Auch wenn man in den letzten Jahren zu Hause beim Alltagstrott so oft darüber geschimpft hat, nein, es ist mir eine Lehre, es ist alles so herrlich vertraut, die geliebten Menschen um mich zu haben, das chaotische Durcheinander, es gibt nichts Schöneres! Nach dem Essen gehen wir noch in die Jumeirah Hotel Bar, allein war ich da noch nie, obwohl es fast direkt neben meinem Appartement ist, trinken wunderbare Drinks und bewundern von oben die Stadt. Danach geht es nach Hause, morgen ist Weihnachten!

24. Dezember

Der Weihnachtstag ist wettertechnisch fabelhaft, strahlend blauer Himmel, kein Regen, keine Wolken. Ich habe alles minutiös geplant: Wir fahren zunächst zum Chingmin-Tempel und zünden dort unsere weihnachtlichen Räucherstäbchen an. Ein Innehalten und Vermischen der Religionen. Wir denken an Weihnachten und besinnen uns in einem Buddha-Tempel. Nennt man das „Internationalität" leben? Ist es eine besondere Art der Ökumene? Ich empfinde es so. Danach zeige ich die älteste und längste noch erhaltene Stadtmauer der Welt, bevor wir mit einer kleinen Bahn um einen wunderschönen See fahren. Wir bummeln zu einer meiner Lieblingsstraßen und fahren schließlich nach Hause. Nach einer kurzen Pause erkunden wir einen anderen Lieblingsstadtteil von mir. Dort habe ich in einem traditionellen chinesischen Restaurant einen Tisch reserviert, in dem eine chinesische Oper aufgeführt wird. Ich freue mich so sehr, meiner Familie alles zeigen zu können, was mir schon so vertraut ist. Die Straßen, das Gewimmel, die Lichter, die Atmosphäre, es ist einfach unbeschreiblich, endlich die andere Welt, in der ich jetzt lebe, zu teilen, mich mitzuteilen. Es ist so ein großes Bedürfnis, meine Familie an meiner Welt teilhaben zu lassen! Nach der Oper gehen wir nach Hause und feiern Weihnachten.

Wir lesen die Weihnachtsgeschichte, singen Lieder und haben den künstlichen Weihnachtsbaum angeschaltet, sodass es herrlich kitschig-künstlich zu blinken anfängt. Es ist unheimlich friedlich und schön.

25. Dezember

Am nächsten Tag holt uns leider die Realität ein. Ich war schon im Vorfeld leicht erkältet, habe es aber mit Tabletten bekämpft, jetzt hat es meinen Mann und unsere Tochter erwischt. Beide liegen mit hohem Fieber im Bett und sind sehr krank. Beruhigend ist es zu wissen, dass ich genügend Leute kenne, die ich um Hilfe bitten kann, sollten wir einen Arzt benötigen. Damit hat niemand gerechnet, meine Planungen zerplatzen wie Seifenblasen. Die für den kommenden Tag vorgesehene Tour nach Peking steht auf der Kippe. Mein Gewissen ist hin- und hergerissen, alles absagen oder nur zu zweit mit unserem Sohn fahren? Unsere Tochter, ihr geht es etwas weniger schlecht, versichert mir, sich um meinen Mann zu kümmern. So entschließen sich unser Sohn und ich zu fahren

26. Dezember

Ein ganz gutes Gewissen habe ich nicht, die beiden krank alleine hier zu lassen, doch sie sind zu zweit, erwachsen, ich kann es riskieren. Die Zugfahrt im Schnellzug geht ruck-zuck vorbei, für 900 Kilometer brauchen wir dreieinhalb Stunden, unglaublich. Ich habe ein kleines Hotel im alten historischen Teil von Peking gebucht, im sogenannten Hutong. Es ist lustig, zusammen mit meinem Sohn im Doppelzimmer. Die Zimmer sind sehr urig und klein, es ist eisig kalt. Die kleine Heizung spendet nur ein wenig Wärme. Wir haben uns schon auf die Kälte, insbesondere an der großen Mauer, vorbereitet, so schlafen wir mit langen Unterhosen, Socken und zwei Pullis.

27. Dezember

Für heute habe ich eine Tour durch Peking geplant. Wir laufen von unserem Hotel aus los durch die historischen Gassen direkt zur Verbotenen Stadt. Dieser Weg ist faszinierend, wir atmen Geschichte pur. Es ist ein unglaubliches Geschenk, sich mit dem Sohn so gut zu verstehen. Wir laufen, reden, entdecken und freuen uns über diesen tollen Ausflug. An der Verbotenen Stadt angekommen, holen wir unsere online reservierten Tickets ab. Ich lerne dazu! Es klappt alles prima und wir sind in fünf Minuten durch die Tore und gelangen in das ehemalige Kaiserreich. Die Verbotene Stadt ist einmalig. Sie ist so groß, dass sie nicht auf einmal zu bewältigen ist. Man kann zwei, drei Tage hier verbringen, um die Vielzahl an Schätzen zu sehen. Überwältigt von den Eindrücken laufen wir am späten Nachmittag in Richtung Tiananmen-Platz. Auch hier übermannt einen die Geschichte, es ist unglaublich, was sich hier schon alles abgespielt hat, streng gesichert mit viel Militär und Polizei vor Ort. Wir erleben die Sperrung der Straße und das Einholen der Flagge. Welch ein Zeremoniell. Langsam bekommen wir Hunger, was liegt also näher als in Peking eine Pekingente zu essen? Von einer ehemaligen Arbeitskollegin aus Deutschland, die lange Zeit in

China gelebt hat, habe ich einige Empfehlungen. Über Maps.me finden wir heraus, welches der Restaurants am nächsten liegt. Mit der Subway sind wir in einer halben Stunde dort. Am Ziel gibt es auch einen kleinen Straßenmarkt mit sehr interessanten Essensangeboten: Unter anderem werden gebratene Maden, Kakerlaken, Skorpione, Regenwürmer, Heuschrecken und vieles mehr angeboten. Die Straße entspricht genau dem Klischee, das viele Deutschen vom chinesischen Speiseangebot haben. Aber es ist keine Touristenstraße, ich sehe fast nur Einheimische. Mein Sohn isst einen Spieß mit Skorpionen, ich verzichte dankend. Danach geht es ins Restaurant, wir feiern die Pekingente. Aber auch das Restaurant zelebriert die Spezialität. Wir beobachten, wie die Enten in einen speziellen Ofen kommen, wie sie fachmännisch vom Servicepersonal zerlegt und serviert werden. Köstlich. Mit einem Taxi fahren wir zurück zum Hotel und lassen uns etwas vor dem Hotel in einer Straße mit kleinen Imbissbuden absetzen. Wir wollen noch eine Nachspeise essen und gehen in einen Laden, der kleinen Kugeln anbietet, die, so scheint es, aus Schokolade sind. Eine Kreation heißt „Beckham“, wir entscheiden uns für diese vermeintliche Schokoladenkugel. Vor dem Laden läuft uns das Wasser im Munde zusammen und mein Sohn beißt voller

Vorfreude in die Kugel. Kurzzeitig entgleiten ihm der Gesichtszüge, er schluckt und spuckt zugleich. Die vermeintliche Schokokugel stellt sich als Fischcremekugel heraus. Ich muss mir den Bauch vor Lachen halten. Ich muss noch einmal betonen, wie schön es ist, sich mit den Kindern so gut zu verstehen, es sind unvergessliche Momente und Tage.

28. Dezember

Mit dem vorbestellten Taxi geht es zur Großen Mauer, im Deutschen wird sie zumeist Chinesische Mauer genannt. Die Fahrt dauert ca. zwei Stunden und wir saugen die Eindrücke der Stadt und der Landschaften auf. Als wir ankommen, bin ich froh, alles vorab gebucht zu haben. Der Fahrer kümmert sich um unsere Tickets, ich kann mich beruhigt zurücklehnen. Dann geht es mit Bus und Seilbahn zur Großen Mauer. Welch ein beeindruckendes Erlebnis. Wir sind an einem Teil der Mauer, die nicht allzu touristisch überlaufen ist. So stehen wir zeitweise alleine auf der Mauer, die sich über hunderte von Kilometern vor unseren Augen über die Berge erstreckt, und fühlen uns in eine andere Welt versetzt. Auf dem Rückweg zum Taxi kehren wir ausnahmsweise bei Burger King ein. Wir haben so Lust auf ein klein wenig westliches Essen. Das Aufwärmen dort ist angenehm, es herrschen draußen eisige Temperaturen. Unser Fahrer wartet schon auf uns und die Fahrt geht weiter zum Sommerpalast des Kaisers. Wir sind etwas früher dran als geplant, was sich im Nachhinein als sehr gut erweist, denn so haben wir etwas länger Zeit für die Besichtigung des Sommerpalastes. Dieser ist einfach beeindruckend. Ich kann gar nicht beschreiben, wie schön diese Gebäude von damals angeordnet sind, wie liebevoll durchdacht, geplant, gemalt und gebaut. Angeordnet nach Jahreszeiten, Sommer, Frühling, Herbst und Winter, und teilweise sogar nach den Sonnenzeiten. Wir versuchen im Schnelldurchlauf so viel wie möglich zu sehen. Es ist so bitterkalt, dass die Augen tränen und wir uns nicht unterhalten können. Aber der Schönheit des Palastes und der gesamten Anlage tut dies keinen Abbruch. Der Fahrer bringt uns danach direkt zum Bahnhof und wir fahren mit dem Zug zurück nach Hause nach Nanjing.

Die Sehnsucht ist groß und auch das schlechte Gewissen. Doch bei allen Telefonaten klangen die zwei Kranken etwas fitter. Wir haben auch für den Rückweg einen Schnellzug gebucht, gegen 20:00 Uhr sollten wir zuhause sein. Auf dieser Strecke ist es dann tatsächlich das erste und einzige Mal, dass ich eine Verspätung erlebe. Ausgerechnet dann, wenn man so schnell als möglich von A nach B kommen möchte. Da wir keine Zugdurchsagen verstehen, wissen wir nicht, was passiert ist, aber der Zug bleibt auf der Strecke für ca. 15 Minuten stehen. Nun denn …

Endlich zuhause angekommen empfangen uns die beiden und es geht ihnen schon viel besser. Mein Mann wagt sogar einen kleinen Spaziergang in der Umgebung und zu einem Restaurant gegenüber, unsere Tochter versorgen wir im Bett mit warmer Suppe.

Am gleichen Abend heißt es auch schon wieder Koffer packen, denn am nächsten Tag fliegen wir nach Thailand. Die Erkältung ist so weit abgeklungen, dass wir die Reise antreten können.

29. Dezember

Der nächste kleine Stolperstein in unserem freudigen Wiedersehenurlaub ist das Hotel in Thailand. Zum ersten Mal habe nicht ich mich um das Hotel gekümmert, sondern ein Reisebüro, und schon entspricht es nicht unbedingt unseren Wünschen. Was für ein blöder Fehler! Das Hotel lag circa 5 km vom Strand entfernt, auf einem Berg direkt an einer Straße. Als wir ankommen, vollkommen fertig und kaputt nach dem Flug und der Krankheit, denken wir alle das Gleiche. Die Katastrophe ist perfekt, wir können sofort wieder abreisen, den Urlaub und alles abbrechen und nach Hause fliegen. Eine Momentaufnahme.

30. und 31. Dezember

Manchmal ist es aber auch ganz gut, wenn man eine Nacht über etwas schläft. Wir hatten einfach zu wenig Ruhe und waren zu erschöpft. Das Hotel ist zwar nicht wirklich besser, die Straße nicht ruhiger, der Strand nicht näher, aber man ist im Denken vernünftiger. Wir nehmen es hin, und wechseln einmal das Zimmer. Wir machen das Beste aus der Situation, unseren Kindern gefällt es, für mich das Wichtigste. Wir genießen das Meer, den Pool, die Sonne und uns. Auch Silvester feiern wir hier und ich muss sagen, ich habe noch nie so ein fröhliches, lustiges, unbeschwertes, warmes Silvester gefeiert wie in Thailand. Es hat sicherlich mit dem Wetter zu tun. Es ist ein Unterschied, ob man im Schnee, bei kaltem Nieselregen oder am Strand im Sand feiert. Wir haben so viel Spaß, es sind unheimlich viele Feuerwerke und diese aufsteigenden Feuer-Ballons, die man in den Himmel gleiten lässt. Wir haben einen Tisch mitten am Strand im Sand, mit vielen Drinks, lauter Musik und erleben wirklich einen einmaligen Jahreswechsel!

02. Januar

Wie es der Zufall will, haben wir Kontakt mit einem Bekannten aus unserer Heimatstadt aufgenommen, der auch mit seiner Familie in Pukhet ist. Er ist dort seit Jahren und kennt sich bestens aus. Wir verabreden uns zum Essen und es ist ein sehr lustiger bunt gemischter Tisch, direkt am Strand mit Sonnenuntergang im Hintergrund. Wir treffen uns noch einmal zum Speedboat-Fahren und zur Insel Pi Pi. Was für ein herrlich unbeschwerter Ausflug: ein Schnellboot, Freunde, Getränke, Essen, viel gute Laune und Lebenslust.

07. Januar

Was soll ich sagen, jeder Urlaub geht zu Ende. Wir bedauern es zutiefst, denn es war alles in allem wunderschön. Am schlimmsten ist aber die Tatsache, dass sich unsere Familie nun trennen muss. Der Abschied vom Sohn und meinem Ehemann fällt sehr schwer, es fließen viele Tränen. Die beiden müssen zurück zur Universität bzw. Arbeit. Geplant ist nochmals ein gemeinsamer Urlaub, während Chinese New Year, wenn in China alles geschlossen ist. Etwas aufgelockert wird der Abschied dadurch, dass unsere Tochter den falschen Pass einsteckt, nämlich den ihres Bruders. Auf der Fahrt zum Flughafen bemerken wir das Missgeschick, fahren zurück zum Hotel und tauschen die Pässe. Das Lachen über die Panne löst ein klein wenig die Spannung der Abreise.

16. Zurück zu zweit

08. Januar

Es fällt mir leichter als gedacht, nach Nanjing zurückzukehren, was jedoch einzig und allein daran liegt, dass meine Tochter mitfliegt. Es ist so wunderbar, einen Teil der Familie bei mir zu haben. Alles ist geborgener, vertrauter, nicht mehr einsam. Den ersten Tag zurück, verbringen wir halb schlafend und halb wach, da wir von dem Nachtflug so erschöpft sind. Wir gehen noch gemeinsam einkaufen, ich zeige meiner Tochter den Weg zur Arbeit für eine gemeinsame Mittagspause. Dann gehen wir früh ins Bett, für mich heißt es, am nächsten Tag wieder ganz regulär zur Arbeit zu gehen. Zum Mittagessen haben wir uns verabredet und mein kluges Töchterlein hat sich den Weg gemerkt und kommt pünktlich. Stolz mache ich sie mit den Arbeitskollegen bekannt. Lachen und plaudern lässt die Zeit rasen.

Abends fahren wir zusammen in die Stadt und bummeln völlig entspannt durch die Shopping Mall, bevor wir uns entscheiden, heute zuhause gemeinsam zu kochen.

09. Januar

Auch am zweiten Tag treffen wir uns wieder zum Mittagessen und am Abend machen wir zusammen Sport: Meine Tochter schwimmt ihre Bahnen im Sportbecken und ich trainiere auf dem Laufband. Kaum zu glauben, aber ich genieße die unaufgeräumte Wohnung mit Koffern und Durcheinander einer Teenager-Tochter. Eine Studentin aus Deutschland ist für einige Praktikumswochen in Nanjing. Ich mache sie mit meiner Tochter bekannt und hoffe so, für etwas Abwechslung für sie zu sorgen. Die zwei scheinen sich gut zu verstehen und haben viel Spaß miteinander. Außerdem ergibt es sich, dass meine Tochter ein Praktikum im Büro nebenan machen kann, das ist eine wunderbare Fügung. Denn auch sie erkennt, dass es auf Dauer langweilig ist, keine Aufgabe zu haben und jeden Tag auf sich gestellt durch die Straßen zu bummeln. Da ich ganz normal arbeite, bin ich ja den ganzen Tag außer Haus.

10. Januar

Seit nun das Praktikum begonnen hat, gehen wir zusammen zur Arbeit, wir sehen uns nun ganz offiziell in der Kantine zum Mittagessen und gehen abends gemeinsam wieder zurück. Wir unternehmen viel, sowohl in der Mittagspause als auch nach der Arbeit. Wir nehmen die Subway, fahren in die Stadt oder besuchen Sehenswürdigkeiten. Wie schön ist es, das Gesehene und Erlebte ad hoc diskutieren zu können ohne die Zwischenstation

WhatsApp oder WeChat und ohne die Wartezeiten auf Antwort. Wir probieren zu zweit viele Lokale aus, die ich so lange Zeit allein nicht testen wollte. Zu zweit ist es einfach lustiger, plötzlich erscheint alles viel einfacher.

12. Januar

Eine wahre Herausforderung steht mir bevor: Der 19. Geburtstag meiner Tochter, den ich hier in Nanjing organisieren „muss". Ich habe mich unheimlich gefreut, dass sie ihn hier verbringen wird, habe schon die letzten Monate über Geschenke gekauft, so wie ich es eigentlich sonst auch immer mache! Doch die Frage ist natürlich, was macht man im Ausland ohne die ganzen Freunde der Tochter? Wird sie traurig sein darüber, dass die anderen nicht da sein werden? Aber wie immer, ich mache mir im Vorfeld viel zu viele Gedanken. Es wird ein wunderbarer Tag. Den Tisch dekoriere ich wie auch zuhause mit Geschenken und Geburtstagskuchen, den ich schon vorher heimlich gekauft habe, sowie mit Kerzen und Luftballonen. Meine Tochter freut sich unglaublich, die Überraschung ist gelungen und mir geht das Herz auf, hier in dieser Wohnung so viel Freude und Glück zu sehen! Tagsüber gehen wir shoppen und bummeln, für den Abend habe ich zu einem Essen eingeladen. Dabei sind auch mein

Arbeitskollege Vinson, meine Freundin mit ihrem Mann und zwei ihrer Freunde, Studenten aus Ghana und Namibia. Sie habe ich zwar erst einmal getroffen, aber sie sind unglaublich lustig und jung, also die perfekte Kombination. Auch hier in China habe ich schon oft feststellen dürfen, wie sehr Lachen verbindet. Das Restaurant ist sehr traditionell und wir fühlen uns total wohl, jeder redet mit jedem, ein lustiges, kunterbuntes Durcheinander. Meine Tochter und ich ziehen danach mit den Studenten noch „um die Ecken“, in eine Bierkneipe und weiter in eine Karaoke-Bar. Ich kann kaum beschreiben, wie viel Spaß wir alle zusammen haben. Wir singen, tanzen, lachen, essen und trinken. Später lasse ich die Jugend alleine weiterziehen und hoffe inständig, dass der Abend für alle gut weitergeht. Ein wenig ein schlechtes Gewissen bleibt doch, meine frisch 19 Jahre alte Tochter in der Millionenstadt allein mit relativ fremden Studenten ziehen zu lassen. Doch ich weiß, dass alles gut gehen wird und dass meine Tochter einen wunderbaren Geburtstag feiert und unglaublich viel Spaß hat.

25. Januar

Diese Woche steht in der Arbeit Teambuilding auf Chinesisch an. Das ganze Team fliegt sehr früh am Morgen für drei Tage nach Xiamen. Das ist eine „kleine“ (je nach Maßstab) 3,6-Millionen-Stadt im Süden Chinas am Meer. Das Teambuilding ist toll organisiert, Flug, Hotel, Arbeit und Freizeit kombiniert.

Aber das Ganze ist von Anfang an – für mich – typisch chinesisch und eine völlig neue Erfahrung. So haben wir z.B. alle die gleichen Jacken an und laufen, wie im Kindergarten, in Zweierreihen durch die Gegend. Auch die Teambuilding-Spiele gehen von Enten- über Drachen- bis hin zu Phoenix-Spielen. Am Strand gibt es ein Spiel über chinesische Poesie, aber es gibt auch Schnick, Schnack, Schnuck. Wenigstens ein Spiel, das ich sogar kenne. Aber auch wenn ich nicht alles verstehe, ich habe unglaublichen Spaß und mache überall mit. Die Kollegen amüsieren sich über mich, ich lache einfach mit. Was mich nur etwas verwundert, sind einige Spiele, bei denen man sehr nahe zusammensteht oder sogar miteinander in direkten Kontakt kommt, denn ansonsten gehen Chinesen ja eher grundsätzlich etwas auf körperliche Distanz.

Am ersten Tag stehen daneben die Präsentationen der verschiedenen Teams auf dem Programm. Eine Kollegin dankt mir explizit für die gute Zusammenarbeit, den Austausch und die vielen guten Ideen, die Vorschläge, die ich eingebracht habe. Das rührt mich sehr. Am Abend gehe ich mit ein paar Kollegen noch in eine Bar. Ich denke überhaupt nicht mehr darüber nach, ich gehöre dazu und bin dabei.

Am zweiten Tag stehen eine Stadtrundfahrt sowie ein gemeinsames Ausflugsprogramm auf dem Plan.

Der dritte Tag steht zur freien Verfügung. Ich schließe mich meinen Kollegen Gina und Vinson an und beide zeigen mir Seiten der Stadt, die ich so nie gesehen habe. Meine Kollegin hat hier studiert und kennt die Stadt wie ihre Westentasche. Der Markt, zu dem sie mich bringt, ist beeindruckend, auch die Tempelanlagen oder die Innenstadt mit den europäisch anmutenden Häusern, das Meer, es ist wirklich wunderschön. Ein weiteres Highlight ist die Schifffahrt nach Gulangyu. Die knapp zwei Quadratkilometer große Insel war in ihrer Geschichte von vielen Kolonialmächten besetzt, die alle ihre Spuren, vornehmlich architektonisch, hinterließen. Es ist eine faszinierende Kombination aus europäischer und chinesischer Tradition. Wenn die Stadt nicht so weit weg wäre, könnte ich mir vorstellen, hier noch einmal herzukommen oder eine längere Zeit hier zu leben. Ich bin verzückt und verliebt in die Stadt.

Während der Zeit, die ich hier in Xiamen verbringe, arbeitet meine Tochter wochentags im Rahmen ihres Praktikums und trifft sich dann über das Wochenende mit den beiden anderen deutschen Studentinnen in Shanghai. Ein Hoch auf die Selbstständigkeit, ich bin stolz auf sie. Wenn ich zurückkomme, planen wir ein gemeinsames Wochenende in Peking.

26. Januar bis 27. Januar

Mit einer vor Monaten von mir ungeahnten Selbstverständlichkeit gelangen wir per Schnellzug nach Peking. Souverän meistern wir die Abholung der Tickets etc. Ich verschwende keinen Gedanken mehr daran, wie es mir noch vor Wochen erging, als ich nur mit der Kopie meines Reisepasses dastand. Meine Tochter muss so sehr darüber lachen, als ich ihr die Episode noch einmal schildere – sie kennt sie ja nur aus der WhatsApp-Konserve – dass ich schließlich mit einstimme: Rumpelstilzchen wäre ob meiner Echauffiertheit im Boden versunken.

Kaum angekommen in Peking geht es mit dem Taxi zum Hotel und wir unternehmen eine erste Erkundung. Alles ist sehr entspannt, für morgen habe ich eine große Tour geplant.

Nach wie vor ist Peking eine beeindruckende Stadt. Auch wenn es erst ein paar Wochen her ist, dass ich mit meinem Sohn hier war, die Große Mauer fasziniert mich auch diesmal. Auch alle anderen Sehenswürdigkeiten sind ein Highlight.

Ich sehe mehr Details, für mich ist es ja das zweite Mal. Diesmal ist es glücklicherweise nicht ganz so eisig kalt und wir können die Zeit im Freien etwas mehr genießen. Auch mit meiner Tochter ist es so unglaublich schön, wir verstehen uns so gut und das Zusammensein ist einfach eine Bereicherung. Nach der Tour geht es mit dem Zug wieder nach Hause. Die Fahrt ist sehr lustig, wir sind fast allein im Zug, hören Musik und tanzen. Die verrückten Europäer, mag sich manch ein Chinese denken. Zurück in Nanjing ist das Wetter herrlich und das Leben ist schön.

28. Januar

Meine Tochter macht weiterhin ihr Praktikum und unternimmt viel. Ich gehe entspannt in die Arbeit, habe meine Aufgaben, das Leben scheint sehr leicht zu sein. Es ist doch interessant, wie viel entspannter alles ist, wenn ein Teil der Familie da ist. Es fällt plötzlich alles nicht mehr so schwer. Natürlich vermisse ich den Rest der Familie, aber es ist wirklich alles leichter.

Insgeheim ist es schon komisch, wenn ich darüber nachdenke, dass ich nur noch viereinhalb Wochen hier bin. In Gedanken überlege ich, was ich noch alles unternehmen wollte, werde machen können und was ich definitiv verpassen werde. Man glaubt, so viel Zeit zu haben, und plötzlich ist die Zeitspanne abgelaufen, aus und vorbei. Außerdem hat man im Rückblick das Gefühl, dass wirklich alles toll war, dass man ja doch sehr viele nette Leute kennengelernt hat und die Frustphasen zwischendrin doch eigentlich gar nicht so schlimm waren ... Komisch wird die Umstellung schon wieder. So hänge ich meinen Gedanken nach.

28. Januar

Mein Gott, was passiert hier? Aus dem Nichts: Eine Freundin von mir, die mich eigentlich besuchen wollte, hat einen Schlaganfall und liegt im Krankenhaus. Ich erfahre es am Morgen durch die WeChat-Nachricht einer Freundin.

Die Schwester einer anderen Freundin ist mit 45 Jahren an Krebs gestorben, wie ich am gleichen Tag erfahre.

Muss ich mehr schreiben?

Beunruhigt es einen mehr, weil man schon so lange fort ist oder weil man endlich wieder zurück will? Direkt teilnehmen am Leben? Nicht nur über WeChat oder WhatsApp?

Ja, da spricht man einmal aus, dass alles gut läuft, und dann kommt die dicke Breitseite, alles auf einmal. Ich sag jetzt, bis ich endlich wieder zuhause bin, gar nichts mehr über meinen Gemütszustand.

Und noch andere Dinge beschäftigen mich vollends: die wichtige Prüfung meines Sohnes, der 80ste Geburtstag meines Stiefvaters.

30. Januar

Die letzten Wochen sind schon verplant. In der Arbeit stehen noch einige Projekte an, die unglaublich interessant sind, da sie mich einmal mehr in die chinesische Arbeitswelt blicken lassen und mich bereichern. Ich habe mich so gut in das Team und die Arbeit integriert, wir profitieren alle voneinander und verstehen uns wirklich gut. Ich hoffe, dass der Austausch auch umgekehrt fortgesetzt wird und so auch das chinesische Team von unserer deutschen Arbeitsweise und unserem europäischen Leben und Vorgehen profitieren und lernen kann.

Da das chinesische Neujahr bevorsteht und ganz China im Feiertagsmodus sein wird, will ich noch für eine Woche nach Vietnam verreisen. Doch zuvor besucht mich noch eine Freundin aus der Heimat. Ich freue mich wieder sehr.

Und natürlich starte ich voller Elan in die Planung dieser beiden Meilensteine.

06. Februar

Meine Freundin ist in Shanghai gelandet, wo meine Tochter und ich sie selbstverständlich abholen. Was für ein Wiedersehen. Die Tränen fließen wieder, wir freuen uns so unglaublich. Und wieder überkommt mich das Gefühl der Vertrautheit, es tut so gut! Shanghai wird mir immer lieber: „mein“ Hotel, Abendessen im „Lost Heaven“, spazieren am „The Bund“, faked market, Jazz Session im Hyatt Hotel, Besuch des Jade Buddhas, neue Brillen, die teuerste Teezeremonie ever. Wir erleben viel zusammen, das Wochenende vergeht wie im Flug. Ich fahre mit meiner Freundin nach Nanjing zurück, meine Tochter bleibt in Shanghai.

Auch hier in Nanjing geht es im Eiltempo durch die mir mittlerweile so vertrauten Sehenswürdigkeiten: Ladys Street, Konfuzius-Tempel, Laomendong, Theater-Restaurant.

Zu schnell ist der Kurzbesuch ist zu Ende, so viel Freude. Gewisse Wehmut spüre ich nun auch, bald wird das alles für mich nicht mehr selbstverständlich und auch vorüber sein.

08. Februar

Ich bin tatsächlich für einen Tag alleine in meinem Apartment, ein komisches Gefühl. Ganz schnell war es normal, dass wir hier zu zweit sind.

Das chinesische New Year steht bevor, alle Kollegen und Freunde/Freundinnen sind verreist. Ich habe das Gefühl, ganz China packt die Koffer. Es ist tatsächlich so, dass das chinesische Neue Jahr das wichtigste Familienfest für alle ist. Jeder besucht seine Verwandtschaft und reist kreuz und quer durch das Land. Ich habe mich erkundigt, meine Kollegen meinen, es lohne sich nicht, in Nanjing zu bleiben. Es finden keine Feierlichkeiten oder Ähnliches statt, im Gegenteil, alle Läden und Geschäfte sind zu. Also haben wir uns entschlossen, für eine Woche nach Vietnam zu fliegen. Meine Tochter wird dann von dort aus direkt nach Deutschland zurückfliegen. Wir bummeln nochmals durch Nanjing, treffen Freunde, gehen Essen. Ein seltsames Gefühl, dass ich danach wieder allein sein werde.

17. Trügerische Sicherheit in der Fremde

09. Februar

Wir fliegen frühmorgens nach Ho Chi Min City. Wie immer inzwischen sehr lässig und souverän, Flug, Taxi, kein Problem. Die Anlaufschwierigkeiten sind überwunden. Innerlich schmunzelnd denke ich daran.

Wir wohnen in einem Airbnb, meine Tochter hat diesmal die Organisation übernommen. Auch sie scheint mir selbstständiger, „groß" geworden zu sein.

Die Wohnung ist sehr ursprünglich und mitten in einem vietnamesischen Wohngebiet. Nicht unbedingt mitten in der Stadt, aber zu Fuß ist nahezu alles erreichbar. Wir haben unseren Urlaub straff durchgeplant, drei Tage in der Stadt mit Ausflügen und Besichtigungen und dann noch ein paar Tage am Strand. So stehen u.a. der Vĩnh-Tràng-Tempel, das Mekong Delta und das Tunnelsystem aus dem Vietnamkrieg auf dem Programm. Ich genieße die Zeit mit meiner Tochter, es ist viel zu selten, dass man solch eine lange unbeschwerte Zeit miteinander verbringen kann.

Es ist auch diesmal eine Herausforderung, die wir aber bestens meistern, mit unseren Handys, Auslandstarifen und allem, was dazugehört, die richtigen Wege und Straßen zu finden, die Touren zu buchen etc. Aber alles läuft bestens. Wir finden das richtige Reisebüro, erreichen alle Busse und sind vor allem begeistert von der Stadt. Die Tempelanlage ist mit dem überdimensionalen Buddha beeindruckend. Aber auch die Bootsfahrt durch das Mekong Delta versetzt uns in eine komplett andere Welt. Auf der Insel fahren wir mit dem Fahrrad durch unbekanntes Gebiet, probieren Kokosbonbons, die sämtliche Plomben aus den Zähnen ziehen, und haben viel Spaß mit unserer Reisegruppe. Bedrückend ist der Ausflug zu den Tunnelanlagen aus der Zeit des Vietnamkrieges. Unglaublich, was hier geschehen ist und wie, unter welchen Bedingungen, die Menschen versucht haben, den Krieg zu überleben. Sicherlich ist dies hier ein Ausflug, der deutlich mehr Zeit als ein paar Stunden verdient, der aufgearbeitet werden sollte. Ich unterhalte mich noch sehr oft und sehr lange mit meiner Tochter über die fürchterlichen Dinge, die hier passiert sind.

Die Tage in Ho Chi Minh City vergehen fast zu schnell, es gibt so viel zu sehen und zu erleben. Die Parkanlagen, das öffentliche Singen oder die köstlichen frischen Früchte am Markt. Und ein ganz besonderes Ereignis ist die Tatsache, dass wir zum zweiten Mal Neujahr feiern. In Vietnam wird ebenfalls zum chinesischen Neujahr gefeiert. Wir sitzen zusammen mit tausenden Vietnamesen auf Picknickdecken am Ufer des Saigon-Flusses, lassen uns von der Atmosphäre mitreißen und erleben ein rauschendes Neujahrsfeuerwerk. Wer kann schon sagen, dass er zwei Mal ins neue Jahr gefeiert hat?

Doch leider endet dieser wunderbare Abend mit einem schlimmen Erlebnis. Auf unserem Fußweg zurück zu unserer Unterkunft entgehen wir mit viel Glück einem Überfall. Wir laufen zu Fuß zurück, den Weg finden wir über Maps.me. Ich halte das Handy in meiner linken Hand, als Halterung habe ich einen Ring und ein Band, das ich mir um das Handgelenk geknüpft habe. Auf der rechten Seite habe ich meine Handtasche und auch meine Tochter untergehakt. Als wir auf einer spärlich beleuchteten Straße entlanglaufen, sehen wir in einiger Entfernung auf dem Fußgängerweg einen Motorradfahrer stehen. In dem Moment, in dem ich ihn wahrnehme, wundere ich mich. Ich weiß nicht, warum, aber er fällt mir auf. Ich denke jedoch noch nicht bewusst darüber nach, es ist einfach ein Bauchgefühl. Ich nehme wahr, dass er das dunkle Visier des schwarzen Helms herunterklappt. Dann höre ich den Motor aufheulen, er gibt Gas und fährt direkt auf uns zu. Ich kapiere überhaupt nicht, was passiert. Er fährt frontal auf uns zu, zieht kurz vor uns leicht nach links streckt seine Hand aus und will mir mein Handy entreißen. Ich schreie laut auf und halte es, so gut es geht, fest. Es sind nur Sekunden, die er mich berührt, doch versucht er mit aller Gewalt das Handy zu fassen. Er kann es mit den Motorradhandschuhen offenbar nicht richtig greifen, er zieht weiter, schubst und kratzt mich am Arm. Schließlich lässt er von mir ab, gibt Gas und fährt weiter. Wir sind total geschockt. Ich schreie laut und wir rennen los, weg, einfach weg. Aus dem Augenwinkel beobachte ich, ob er umdreht und uns folgt. Aus dem dunklen Straßengewirr heraus entdecken wir eine größere gut beleuchtete Straße. Wir rennen und rennen, erst dort, wo auch andere Menschen sind, werden wir langsamer. Ich drehe mich immer wieder rum, verfolgt er uns? Wir können vor Angst kaum atmen, fühlen uns beobachtet und verfolgt. Was, wenn er umdreht und uns doch nachkommt? Komplett am Ende unserer Kräfte erreichen wir unsere Unterkunft. Ich merke, wie ich am ganzen Körper zittere. Ich muss mich zusammenreißen, schließlich soll sich meine Tochter sicher fühlen. Plötzlich erscheint mir unsere Unterkunft auch nicht mehr genügend geschützt. Ich verrammle die Tür mit einer Kommode und nehme meine Wertsachen an meinen Körper. Wir sind so geschockt, dass an Schlaf nicht zu denken ist. Die Nacht ist eine Tortur. Erst nach und nach legt sich der Schock. Was hatten wir für ein

Glück, dass uns nichts passiert ist! Mein Handy konnte ich, dank der Halterung, an mich reißen und meine Wertsachen waren alle in der Handtasche auf meiner anderen Seite. Nicht auszudenken, wie kompliziert alles gewesen wäre, hätte er mein Geld, die Pässe etc. erbeutet. Nicht auszudenken, dass wir hätten ernsthaft verletzt werden können. Ich ärgere mich über meine Naivität und Unwissenheit, dass Vietnam nicht genauso sicher wie China sein könnte. Ich habe überhaupt nicht darüber nachgedacht. In China fühle ich mich diesbezüglich so sicher. Auf Straßen am Abend alleine laufen? Das ist dort überhaupt kein Problem. Die Kameras, die mich anfangs in meiner Privatsphäre so störten, geben andererseits auch Sicherheit. Im Nachhinein werden mich die Kollegen warnen und mir bestätigen, wie unsicher Vietnam ist, aber leider kommt die Warnung zu spät.

Meiner Tochter nehme ich nach diesem Vorfall das Versprechen ab, die Airbnb-Unterkünfte in Zukunft so zu buchen, dass sie und ihre Freundinnen in einem sicheren Stadtteil, am besten mitten in der Stadt, untergebracht sind. Auch wenn die Kosten höher sind, hier darf nicht am falschen Ende gespart werden. Solch ein Erlebnis braucht man nicht ein zweites Mal im Leben. Nein, am besten gar nicht!

Gott sei Dank haben wir für den nächsten Tag die Busfahrt an den Strand geplant. Dorthin wird uns niemand verfolgen. Wir werden in einem Hotel übernachten und fühlen uns dort sicher. Meine Nerven beruhigen sich wieder, aber die Angst um meine Tochter klingt nur langsam ab.

Das Hotel ist typisch vietnamesisch. Die Suppen zum Frühstück oder an den Strandhütten sind legendär. Das Hotel in Vung Tau ist etwas außerhalb, aber direkt am Strand und in der Nähe des Fischmarktes. Der Strand ist beeindruckend. Wunderschön, kilometerlang, menschenleer. Wir essen frischesten Fisch auf dem Markt und verständigen uns mit Händen und Füßen. Wir feiern mit allen um uns herum, die sich über die europäischen Langnasen freuen. Auch die Spaziergänge rund ums Hotel überraschen mit Drachentänzen und anderen Festivitäten rund um‘s neue Jahr.

Beim Early Check-Out im Hotel am letzten Abend ereilt mich nochmals meine „Geldkartenmisere“. Es hat aber auch zu lange ohne Probleme geklappt … Ich will mit meiner Kreditkarte bezahlen und, wie sollte es anders sein, sie funktioniert nicht. Es ist meeeegapeinlich. Gott sei Dank stehen wir nicht unter Zeitdruck. Ich habe zwar noch Bargeld, aber nur Euro und das möchte die Rezeptionistin nicht annehmen. Wir diskutieren lange, sie berät sich mit anderen Hotelangestellten und diskutiert. Banken, um Geld umzutauschen sind nicht in der Nähe bzw. nicht geöffnet. Es dauert gefühlt eine Ewigkeit, bis sie die Euro letztlich doch annimmt und mir zu einem ziemlich schlechten Tarif wechselt. Nun gut, ich nehme es hin, für mich ist es die einzige Möglichkeit.

10. Februar

Am nächsten Morgen nehmen wir ein Taxi zurück nach Ho Chi Minh an den Flughafen. Dort heißt es Abschied nehmen. Es zerreißt mir das Herz. Mein Flieger geht etwas früher als der meiner Tochter. Wir essen noch gemeinsam. Ich stecke ihr noch etwas Geld zu, falls sie noch etwas braucht, wenn ich schon weg bin. Unter Protest nimmt sie das Geld an, was sich im Nachhinein als großes Glück herausstellt. Die Einstellung, „ich brauche kein Geld mehr“ wird sie ab sofort hoffentlich nie mehr haben. Nachdem ich weg war, checkte sie ihren Koffer ein. Er wurde nicht angenommen, da er ein wenig beschädigt war. Sie musste ihn mit Folie umwickeln lassen, bevor sie ihn einchecken konnte. Ja, und das hat natürlich Geld gekostet …

Der Rückflug nach Guangzhou, wo es nach einer Zwischenlandung nach Nanjing weitergehen *soll*, beginnt schon mit einer riesigen Verspätung in Ho Chi Minh. Die Betonung liegt auf soll …

Ich kalkuliere bei jeder Minute Verzögerung, wie und ob ich den Anschlussflug erwischen werde. Als wir schließlich in Guangzhou landen, bin ich total knapp mit der Zeit. Die Immigrationsbehörde bzw. auch die Transitkontrolle tragen ihr Scherflein dazu bei, dass ich durch das Ausfüllen und Verständigungsprobleme immens Zeit verliere. Als ich dann schließlich an das Gate laufen darf, habe ich noch fünf Minuten bis zum Boarding. Eigentlich zu schaffen, möchte man meinen, aber ich kann es nicht glauben, was ich an der Anzeigetafel lese: das Gate ist zu Fuß 1,5 Kilometer entfernt …

Egal wie, ich muss es schaffen. Ich komme zu spät, verschwitzt und am Ende meiner Kräfte am Gate an. Dort erst erfahre ich, dass der Flieger Verspätung hat. Ich schwanke zwischen Ärger, Wut und Erleichterung. Egal, Hauptsache ich komme zurück. Ich nehme die Stunde Verspätung also gerne in Kauf. Mein Puls hat Gelegenheit sich zu erholen. Aus der einen Stunde werden zwei, werden drei Stunden. Immer wieder ertönen chinesische Durchsagen, ich verstehe nichts und niemand in meinem Umkreis spricht auch nur ein Wort Englisch, nicht einmal das Flughafenpersonal. Irgendwann werden Wasser und Kekse verteilt. Jetzt kommt mir das Ganze komisch vor. Im hintersten Eck entdecke ich dann einen westlich aussehenden Mann, ich gehe zu ihm. Ein Amerikaner, Dave, der seit ein paar Jahren in China lebt, aber leider auch kein Chinesisch spricht. Auch er ist auf diesen Flug gebucht und weiß ebenfalls nicht, was vor sich geht. Zumindest ist das jemand, der mich versteht und mit dem ich sprechen kann. Mir reicht es jetzt, ich rufe meinen Kollegen in Nanjing an und bitte ihn, für mich mit einem Flughafenangestellten zu sprechen. Endlich erfahren wir, was los ist, in Nanjing hat es so stark geschneit, dass die Flugzeuge nicht landen können. Der Flug wird gestrichen. Es geht erst morgen früh weiter. Wir werden in Busse verfrachtet und zu Hotels gefahren, das Gepäck bleibt am Flughafen.

Es ist inzwischen 23 Uhr, die Fahrt mit dem Bus dauert nochmals eine Stunde. Gegen Mitternacht müssen wir alle einzeln in ein Hotel einchecken, das dauert nochmals zwei Stunden. Ich lasse mich einfach mit der Masse treiben und hoffe, alles richtig zu machen. Hoffentlich kommen keine Nachfragen wegen Pass, Visum oder ähnlichen Dingen, das ist eigentlich meine größte Angst. Gegen 3:00 Uhr bin ich im Bett und schlafe völlig erschöpft, so, wie ich bin, ein. Ich habe nicht verstanden, wann es am nächsten Morgen weitergeht, ich hoffe, dass ich geweckt werde und mich niemand vergisst. Um 5:00 Uhr läutet das Telefon, ich verstehe natürlich kein Wort und frage immer wieder nach. Das Telefonat wird beendet. Keine fünf Minuten später läutet es wieder. Diesmal versucht die Rezeptionistin mir mit einem Sprachcomputer zu erklären, wie es weitergeht. Das Telefonat klingt gespenstisch, als wenn ich mit einem Außerirdischen sprechen würde. Es ist nett gemeint, aber auch hier geht die Kommunikation gegen Null. Ich beschließe wach zu bleiben und in der Rezeption auf die Abfahrt zu warten. Da kann ich nichts verpassen. Das ist die richtige Entscheidung, denn bereits um halb 6 geht es mit dem Bus zurück an den Flughafen. Nach zwei Stunden Wartezeit sitze ich endlich im Flieger nach Nanjing. So wurde aus einem vermeintlich harmlosen Vierstundenflug eine 28-Stunden-Reise.

17. Mein chinesisches Leben ist schön

11. Februar

Ich bin wieder zuhause und finde es schön. Ich freue mich auf die Arbeit und die Kollegen. Mein Alltag in China hat mich wieder.

Es hat sich tatsächlich noch eine Freundin aus Deutschland zu Besuch angesagt. Wieder freue ich mich sehr. Da ich diesmal ganz normal arbeiten muss, habe ich leider kaum Zeit, ihr die Stadt zu zeigen. Nachdem sie plant, mehr Zeit in Shanghai zu verbringen und die Stadt alleine zu erkunden, ist das aber kein Problem.

14. Februar

Schon kurios, „Time to say goodbye", das Lied läuft in der Shopping Mall, in der ich heute zum Feierabend-Bummel bin. Tja, hier werde ich während meines Aufenthaltes nicht mehr herkommen. Mir kommen die Tränen, aber nicht wegen des Abschieds, sondern weil es so schön ist zu wissen, dass man vermisst und erwartet wird! Und dass sich jemand richtig auf einen freut.

17. Februar

Ich fange tatsächlich an, meine Wohnung auf- bzw. auszuräumen. Es sind zwar noch zehn Tage, aber ich fühle mich meiner Rückkehr viel näher, wenn ich mit dem Kofferpacken anfange. Ich denke darüber nach, was ich mitnehmen, was ich noch besorgen möchte und was ich noch erledigen muss. Außerdem, sehr pragmatisch gedacht, falls ich noch einen Koffer brauche, kann ich diesen dann noch kaufen. Es ist ein wehmütiges Gefühl, all die Dinge, die mir hier ans Herz gewachsen sind, auszusortieren, wegzuwerfen und zu entscheiden, was mit nach Deutschland geht oder was hierbleibt. Ich hätte nicht gedacht, dass ich doch solch eine Verbundenheit aufgebaut habe. Ich werde vieles vermissen. Meine Arbeit und meine Kollegen, die schwarzhaarigen Menschenmengen in den Metros, das 24-Stunden pulsierende laute, quirlige Leben, die blinkenden Hochhäuser, die zankenden Chinesinnen an den Garküchen, die köstliche Essensvielfalt in den Suppenküchen und Restaurants und vieles, vieles mehr. Dinge, derer ich jetzt manchmal überdrüssig bin, die mir später aber fehlen werden. Auf der anderen Seite freue ich mich uneingeschränkt auch auf mein Leben in der kleinen beschaulichen Stadt mit wunderbarem Bauernbrot, Käse, Wurst, Butter, Milchprodukten. Das hat mir hier alles sehr gefehlt. Erstaunlich, auf was sich die Sehnsucht minimiert. Es ist ein Durcheinander der Gefühle. Wehmut? Freue ich mich? Würde ich noch hierbleiben wollen? *Will* ich unbedingt gehen? Ja, wäre meine Familie hier, wäre die Situation anders!

18. Februar

So kurz vor Ende, noch sechs Tage, wie könnte es anders sein, aber mein Dauerthema begleitet mich einfach bis zum bitteren Ende: Ich muss mein Visum nochmals um ein paar Tage verlängern lassen. Eine deutsche Delegation hat sich angesagt, das Treffen bereite ich vor. Allerdings geht mein Visum exakt nur bis einen Tag vor der Ankunft der Abordnung. Nun denn, ich kenne den Weg und die Räumlichkeiten der Visabehörde inzwischen gut … Von allen Seiten wird mir versichert, dass es kein Problem sei. Tja, dann mal sehen.

21. Februar

Die letzte Arbeitswoche bricht an. Es gibt viel zu tun, denn es gilt, wie gesagt, den Besuch der deutschen Delegation vorzubereiten. Die Zusammenarbeit mit meinen Kollegen klappt so reibungslos und das macht einfach Spaß. Die Kombination aus Jugend und meinem „Rentenalter“, die verschiedenen Sichtweisen, geboren aus den verschiedenen Lebenshintergründen, tragen dazu bei, dass wir es als bereichernd empfinden, miteinander arbeiten zu dürfen und die anstehenden Aufgaben zu lösen. Meine Tage sind ausgefüllt, so richtig zum Nachdenken komme ich nun gar nicht mehr. Außerdem muss ich ja noch mein Visum abholen, das – kaum zu glauben, aber wahr – tatsächlich ohne weitere Nachfragen oder Probleme verlängert wird.

So sehe ich diesem letzten Projekt freudig entgegen: Meine letzte berufliche Herausforderung in China verläuft nahezu perfekt. Für mich persönlich ein Abschluss, der nicht schöner sein könnte. Wir sitzen am Abend nochmals alle gemeinsam beim Essen und genießen unseren Erfolg.

18. Der Abschied fällt schwer

22. Februar

Ein Durcheinander der Gefühle. Melancholie? Vorfreude? Eine Mischung! Wenn es dann tatsächlich vorbei ist und der Abschied greifbar bevorsteht. Dann will man doch plötzlich alles festhalten und das Abschiednehmen ist nicht so einfach, obwohl man es sich die ganze Zeit gewünscht hat. Warum eigentlich?

Meine Kollegen sind so nett, damit hätte ich wirklich nicht gerechnet. Jedes Team hat ein Geschenk für mich besorgt. Das eine Team schenkt mir einen wunderschönen Seidenschal, das andere Team lädt mich nochmals zum Essen ein und schenkt mir eine herrliche Kristallkette mit passendem Armband. Eine Kollegin schenkt mir einen Kamm mit meinem eingravierten Namen und eine andere Kollegin eine spezielle chinesische Bürste. Ich bin wirklich sehr gerührt! Auch für mich ein schönes Zeichen, dass ich angekommen bin, dass sie mich mögen, dass sie mich akzeptieren, dass ich dazugehöre, es ist keine Einbahnstraße.

Es tut meinem Selbstbewusstsein gut.

24. Februar

Heute lade ich meine liebsten Freunde und Kollegen ein letztes Mal zum Abendessen ein. Es ist ein Geburtstags- und Abschiedsessen zusammen. Es sind zwölf Personen, die mir wirklich ans Herz gewachsen sind. Und alle kommen, wie sehr ich mich freue ... Ich bestelle mit Unterstützung meines Lieblingskollegen die Speisekarte rauf und runter. Alle Sachen, die ich selbst so gerne esse – natürlich auch Pekingente – und die, die er mir empfiehlt. Es ist eine wunderbare, ausgelassene, lockere Atmosphäre. Ich bin so glücklich und traurig zugleich. Ich habe das Gefühl, Freunde fürs Leben gefunden zu haben, angekommen zu sein. Und das in einem halben Jahr. Was für eine schöne Erfahrung.

25. Februar

Mein endgültig letztes Wochenende steht bevor! Ich bin unschlüssig, was ich tun soll. Nochmal an all die Orte fahren, die ich so gerne mag? Doch, ja, das mache ich. Den Abschied genießen und auch ein wenig zelebrieren.

Ich mache es tatsächlich. Fahre nochmals zu allen lieb gewonnenen Orten und nehme alles nochmal ganz bewusst auf. Klingt blöd, aber ich atme tief ein, sauge tatsächlich die Luft auf, versuche mit den Augen die Bilder festzuhalten, schließe sie wieder, knipse sie in meinen Kopf, um sie festzuhalten.

26. Februar

Heute heißt es Abschied nehmen.

Klassisch, nach westlicher Tradition, besorge ich Kuchen. Alle freuen sich über diesen Brauch, denn Kuchen ist in China keineswegs ein üblicher Snack. So gibt es nochmals ein herrlich lautes chinesisches Durcheinander rund um das Kuchenbuffet. Es folgen herzliche, warme Umarmungen mit den besten Wünschen aller Kollegen. Ich lächle tapfer und versuche meine Tränen aus den Augenwinkeln zu wischen. Es berührt mich mehr als erwartet. Zum Schluss packe ich schnell alles ein, nehme meine Tasche und gehe mit einem guten Gefühl. Die vielen Geschenke, Gespräche, Einladungen, die ich bekommen habe, haben mir doch gezeigt, dass mein Aufenthalt erfolgreich und absolut bereichernd war. Für mich und auch für meine Kollegen.

27. Februar

Endspurt. Heute packe ich alles, was noch zu packen ist. Meine Koffer reichen nicht aus. Natürlich. Ich gehe los und kaufe voller Freude einen weiteren Koffer. Ich könnte den ganzen Tag hüpfen, singen und springen. Ich freue mich jetzt uneingeschränkt auf zuhause.

Für den Abend hat mich mein Lieblingskollege zusammen mit seinen Eltern noch zum Essen eingeladen. Es ist so vertraut und nett. Die drei haben mich das letzte Jahr so oft eingeladen, Zeit mit ihnen zu verbringen, Ausflüge, Essen und so weiter. Ich bin ihnen so dankbar. Sie waren für mich immer eine Anlaufstelle, die ich hatte. Und das, obwohl wir keine gemeinsame Sprache sprechen können! Was für ein wunderbarer Beweis dafür, dass man auch durch und mit anderen Möglichkeiten kommunizieren kann. Plötzlich kommt doch nochmal ein kleiner Herzschmerz auf.

Als ich spät am Abend in meinem Apartment ankomme, bestelle ich mir noch ein Taxi für den nächsten Morgen. Ziel: Flughafen.

28. Februar

Ich sitze im Flieger zurück nach Hause.

Ende

健康美味

福

SNOW

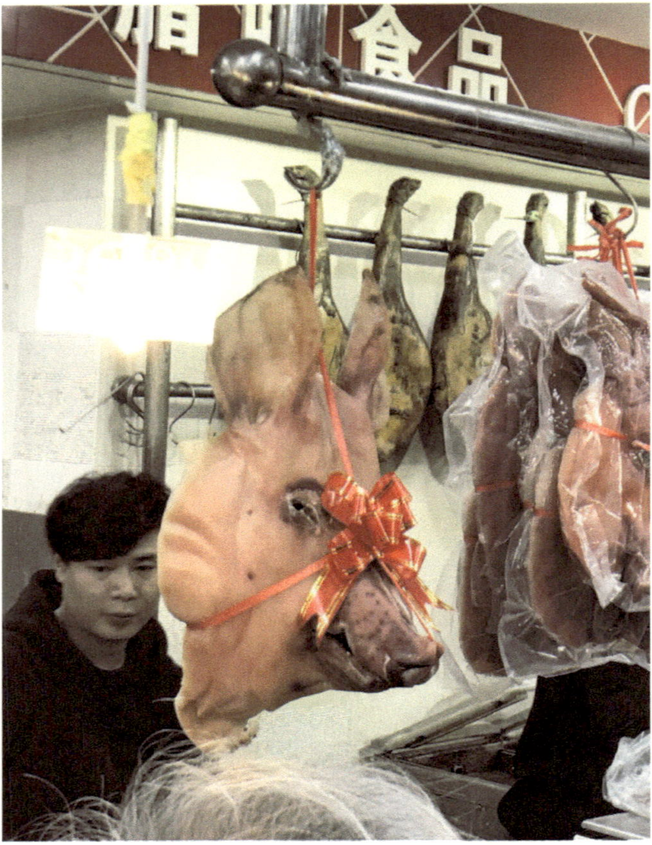
食品